成
为
更
好
的
人

唐博 著

跟着唐博学历史

明清变局

GUANGXI NORMAL UNIVERSITY PRESS
广西师范大学出版社

·桂林·

GENZHE TANGBO XUE LISHI　　MINGQING BIANJU

跟着唐博学历史　　明清变局

图书在版编目（CIP）数据

跟着唐博学历史. 明清变局 / 唐博著. —桂林：广西师范
大学出版社，2021.5
　ISBN 978-7-5598-3672-4

　Ⅰ．①跟… Ⅱ．①唐… Ⅲ．①中国历史－明清时代－通俗
读物 Ⅳ．①K209

中国版本图书馆 CIP 数据核字（2021）第 051004 号

广西师范大学出版社出版发行

（广西桂林市五里店路 9 号　　邮政编码：541004 ）
（网址：http://www.bbtpress.com ）
出版人：黄轩庄
全国新华书店经销
广西民族印刷包装集团有限公司印刷
（南宁市高新区高新三路 1 号　　邮政编码：530007 ）
开本：880 mm × 1 240 mm　　1/32
印张：8.5　　　字数：190 千字
2021 年 5 月第 1 版　　　2021 年 5 月第 1 次印刷
定价：150.00 元（全三册）

如发现印装质量问题，影响阅读，请与出版社发行部门联系调换。

目录

引言

　　明清时代，跨越近六百年，人物众多，故事离奇，如何把这段历史学深、学透，找到历史的智慧和奥秘，提炼出历史发展规律？《跟着唐博学历史：明清变局》做出了有益尝试。

　　史料翻翻芜杂，但有三条线索清晰可见：

　　——政治线。明清两朝的政治，基本上就是以君相斗争为主线来运行。朱元璋承前代之弊，感受到丞相对君权的威胁，便废除丞相，升格六部，皇帝兼任 CEO。然而，没了丞相后，皇帝又感到工作量太大，实在忙不过来，于是便请一些翰林学士来给他当顾问，也就是殿阁大学士的前身。这些顾问由于接近皇帝，深受重用，逐渐演变为实权人物，其职权近似丞相。对此，明朝皇帝只能通过放任朋党斗争、加强特务政治、重用宦官、集中军队指挥权、严刑峻法等手段来调节。皇帝名义上加强了集权，实际上弱化了决策的科学性，导致政治日趋黑暗。

　　清朝皇帝接受了明朝的教训，通过奏折和军机处来分割大学士、议政王大臣会议的权力，使奏折成为秘密信息沟通的重要载体，使军机处成为皇帝的秘书班子，从而使皇帝真正实现大权独揽。当然，权力的集中，是以皇帝的勤政和决策系统的高效运转为前提的。至此，两千年来的君相权力之争，以君主的完胜而告终。然而，清代成熟完备的君主专制制度，就真的那么好吗？

——经济线。明清两朝的经济，既有传统特色，也有新的要素，包括新作物、新食品、新生产关系、新经济形态、新的社会问题。无论新旧，都在一条开放与保守交替运行的线上挣扎。贫农出身的朱元璋，其思维定式就是"重农抑商"，这也成了明清两代官府对待社会经济的总基调。

然而，明清两代的社会发展，离不开商业和城市化进程，离不开外贸。于是，官府主持的朝贡贸易、民间偷偷进行的走私贸易，曾大行其道。朝廷对对外贸易的态度，也是时紧时松，几次海禁，又几次放开。所谓"倭寇"，其实也是不正常的外贸政策下催生的怪胎。即便如清代乾隆中叶以后，实施"闭关政策"，也没有将国门关死。西方的因素一直在通过贸易的渠道影响着中国，但没能改变中国。新旧交替、时紧时松的格局贯穿明清两代始终，直至鸦片战争爆发。

——文化线。明清两代的文化，突出呈现了三个特点：一是开拓创新少、归纳总结多，比如《农政全书》《四库全书》。二是商业发展催生市民文化，比如明清小说和剧本。三是洋人对中国的崇拜，由"热"转"冷"。

发生这些变化，其实跟政治上的专制、经济上的保守有比较大的关系。政治专制衍生的文字狱，使读书人不敢在言论上越雷池，生怕被误伤，催生出一批考据派大师；经济上的"重农抑商"，在城市里引发更多的逆反，市民文化的勃兴，成了挡不住的民间洪流。

三条线，是对明清时代的宏观认识，有助于把握这一历史时期的规律和特征。在这些线的背后，紧跟着一个个历史故事和段子，有熟悉的，也有陌生的。熟悉者，换个讲法，换个套路，甚至换个视角；陌生者，直接就是新内容、新思维、新主人公。这些都有助于拓展知识面，达到举一反三的启发目的。

在传统的历史教材中，有些看似定论的事件和现象，其实都有值得商榷的余地。特别是近年来一些新的史料文献的发掘和出版，使这些需要商榷的疑点有了新的解读。我们也选了一些。无论是宏观层面的改革和大战略，还是微观层面的英雄和战争，都不仅仅是"翻案"，而是让读者们加深对明清历史细节的理解和把控。其实，被误读的历史，绝不只是驿站改革、开疆拓土、水师提督施琅，以及乌兰布通之战，还有不少未解谜题，等待新一代历史学者去爬梳和考证。

唐博

2020年8月18日

第一专题

君相之争大结局

君相之争，是中国古代政治史的一个永恒的话题，是君主专制背景下权力分配不均衡的产物。《中国古代行政制度》中有这样一段话："中国古代官僚政治中君相之争是一个不可回避的矛盾。内朝官员不断外转成为外朝宰相，而后又不断为皇帝更亲信的侍从组织所取代，如此循环往复，就是这种矛盾存在的明证。"那么，在明清时代，两者的矛盾又是如何调和与嬗变的？君主又是如何在持续了两千年的君相斗争中胜出，从而实现大权独揽的？

第一章
丞相的存废

据明朝陈建《皇明通纪集要》载，洪武十三年（1380年），明太祖朱元璋做出了一项重要决定：

> 不许立丞相，臣下敢有奏请设立者，文武群臣即时劾奏，将犯人凌迟，全家处死。

这意味着，丞相职务不仅在洪武一朝人间蒸发，而且连朱元璋的继任者，也不能将其恢复。

问题来了：朱元璋为什么要突然废掉丞相？丞相的职能，原本是要"掌丞天子，助理万机"，"秉社稷之重，总百僚之任"，如今丞相没了，"万机"靠谁打理？"社稷"靠谁顶扛？百僚靠谁统领？这些事，皇帝忙得过来吗？秦汉以来，君主和丞相之间的权斗从未停歇，如今丞相遁迹，可否理解为君主笑到了最后呢？

这一切，还要先从中国历史上最后一位丞相胡惟庸的事说起。

一、"云奇告密"的真真假假

洪武十三年（1380年）正月，南京皇宫。

这天，明太祖朱元璋的心情大好。丞相胡惟庸将一份喜报送进了皇宫，说自家宅院井中喷涌甘泉，味道甜美。在那个迷信盛行的年代里，这样的事自然被视为祥瑞，大吉大利。朱元璋当即接受了胡惟庸的盛邀，前去观赏和品尝。

车驾走到西华门，即将离开皇宫时，突然停了下来。原来，一个叫云奇的小太监拦住去路，拉住缰绳，不让车马出城门。朱元璋见状，连忙让人把云奇带来盘问。可是，云奇一时紧张，竟说不出话来。

无端阻拦车驾，按律是要挨板子的。然而，就在云奇被打得奄奄一息之际，他奋力用手指向胡惟庸宅院的方向。朱元璋感到事态严重，连忙掉头回宫，登上城头，极目远眺。眼前的一幕，让他倒吸凉气。

只见胡惟庸的宅院里，兵丁众多，刀枪林立，尘土飞扬。这哪是接驾？分明是谋反！朱元璋的好心情顿时烟消云散，转而传旨，以"枉法诬贤""蠹害政治"的罪名，当天就将胡惟庸全家和党羽下狱处死。在其后的十二年里，又有三万多人受到牵连，人头落地。

几百年来，胡惟庸案经过，一直是以这段云奇告密的版本为准。故事的出处，是谷应泰的《明史纪事本末》。那么问题来了：丞相府里怎么会有兵？朱元璋给胡惟庸扣的罪名都是从哪来的？怎么破案当天就把主犯处死了？朱元璋是不是疑心太大，办事过于草率了？为什么要牵连那么多人？那个云奇究竟是什么人？

其实，云奇告密的说法，不仅《明史》和《明太祖实录》里并无记载，而且明末清初许多学者都怀疑其真实性。钱谦益就说："云奇之事，国史野史，一无可考。"潘柽章更讲，云奇告密是"凿空说鬼，有识者所不道"。既然云奇告密之说不靠谱，那我们还要回到《明史》和《明太祖实录》，辑取拼接其中的资料，形成完整的故事链，或许能揭开其中的谜团。

二、胡惟庸和他背后的男人们

纵观中国历史，统治集团在打败了共同的敌人后，其内部经常会为"分赃不均"而争权夺利，形成派别，党同伐异，明朝也不例外。跟着朱元璋打天下的智囊团分成两派：一是刘基（刘伯温）派，二是李善长派。按照他们的籍贯，也可分别称为"浙东派"和"淮西派"。当面对共同的敌人元朝之时，两派都在忙着打仗，彼此矛盾并不突出。如今天下底定，到摘取胜利果实时，派系斗争就露出了苗头。

按说，刘基作为朱元璋的第一谋士，运筹帷幄，决胜千里，被朱元璋称为"吾之子房也"，理应位极人臣。可是，文官里唯一的公爵，居然给了另一位谋士李善长。刘基只封了诚意伯，薪水也比李善长少十几倍。

这是朱元璋惯用的权术。他已经不是那个皇觉寺里的小和尚了，也不是郭子兴麾下的女婿和关系户了，他是皇帝，他深知自己打江山不易，容不得任何人对他的江山社稷有哪怕一丁点威胁。因此，他必须运用驭臣术，让所有人俯首帖耳。

没错，刘基能力出众，想皇上之所想，急皇上之所急，事事谋划在先，好似皇上肚里的应声虫。这让朱元璋后背发凉。刘基太专注于业务了，忽视了"伴君如伴虎"的道理。在朱元璋眼里，他有些高调。战争岁月里，高调是展露才能的窗口，有现实需要；和平年代中，一切都要按规矩来，高调就变成了"木秀于林"，其结果自然是"风必摧之"。

刘基必须被冷落。

相比之下，李善长不仅为人低调，甘居幕后，还跟朱元璋是老乡，共同语言多。在和平年代，朱元璋要塑造"唯我独尊"的形象，就必须跟军旅生涯里那种不分你我的战友情怀说再见，转而跟所有人拉开距离。李善长的这两个特点，刚好符合朱元璋此时的诉求。

那这些又跟胡惟庸有什么关系呢？

刘基虽被冷落，但毕竟是御史中丞，控制言官渠道。他既能匡正皇帝，也能监督百官，见谁不顺眼，就写奏章弹劾。靠这样的资源，刘基在跟李善长的斗法中一度占据上风。

为了抵挡刘基的凌厉攻势，李善长只有广结善缘，拉拢派系。他看中了胡惟庸。

胡惟庸是李善长的老乡，当然，也是朱元璋的老乡。早在元至正十五年（1355年），他就投靠朱元璋麾下，属于老资历了。不过，这位仁兄一直官运平平，只是做些州县官，直至朱元璋称帝的前一年，才位列太常少卿，成了副部级干部。就在刘基和李善长明争暗斗之际，他刚刚升任太常寺卿，成为正部级官员。

李善长很清楚，这个胡惟庸虽然仕途不畅，却很有才干。于是，李善长极力推荐，帮胡惟庸捅破了仕途上的天花板，进入朝廷的决策层。洪武三年（1370年），胡惟庸官拜中书省参知政事。三年后官拜右丞相，又过了四年官拜左丞相，不仅位列百官之首，而且成了淮西派的新领袖。而李善长呢，则悄悄躲到了幕后。

三、刘基黯然离场

就在胡惟庸进入上升通道之际，刘基却在走下坡路。有人说，性格决定命运。刘基的耿直，使他招致了更多的非议。俗话说，众口铄金，积毁销骨。更何况是在皇帝面前锋芒毕露的能人。在一次君臣对话过后，刘基彻底失势了。

《明史·刘基传》是这样记载的：

初，太祖以事责丞相李善长，基言："善长勋旧，能调和诸将。"太祖曰："是数欲害君，君乃为之地耶？吾行相君矣。"基顿首曰："是如易柱，须得大木。若束小木为之，且立覆。"及善长罢，帝欲相杨宪。宪素善基，基力言不可，曰："宪有相才无相器。夫宰相者，持心如水，以义理为权衡，而己无与者也，宪则不然。"帝问汪广洋，曰："此褊浅殆甚于宪。"又问胡惟庸，曰："譬之驾，惧其偾辕也。"帝曰："吾之相，诚无逾先生。"基曰："臣疾恶太甚，又不耐繁剧，为之且孤上恩。天下何患无才，惟明主悉心求之，目前诸人诚未见其可也。"后宪、广洋、惟庸皆败。

一次，李善长又玩栽了，挨了一顿训。朱元璋想免了他的丞相之职，征询刘基的意见。刘基说道："李善长是功臣，有能力协调各位将军。"

朱元璋说："李善长可是多次陷害你啊，你还替他说好话？这样，我打算任用你为丞相。如何？"刘基当然听出这是试探之语，连忙一边磕头一边说道："换丞相，就像换房子的梁柱一样，需要用粗大的木料。如果用细小的木头来替换，那么房子立刻就会倾倒。"刘基的言外之意，是自己的才能比李善长差远了，千万别让我顶替他。

虽说刘基推辞了相位，但李善长还是难逃免职的厄运。这回，朱元璋想用杨宪当丞相，再次征询刘基的意见。杨宪属于浙东派官员，跟刘基私交很好。可是，此刻刘基的头脑非常清醒，没有跳进陷阱。他表态不支持杨宪为相，理由是："杨宪有当丞相的才能，却没有当丞相的器量。当丞相，就要保证自己心静如水，公正无私，用义理作为行使权力的标杆，不掺杂个人好恶。杨宪不是这样的人。"

原以为考验到此结束，没想到朱元璋接着冒出一句："那你觉得汪广洋如何？"汪广洋既不属于淮西派，也不属于浙东派，但朱元璋怀疑他跟刘基有瓜葛，才这样问出口。

刘基的回答更狠："汪广洋为人比杨宪还浅薄。"这一答语，可谓见招拆招。

朱元璋没停，又抛出了下一人选——胡惟庸，问刘基觉得如何。

刘基接下来的回答，恐怕是这个世纪对胡惟庸最到位的评价："胡惟庸这个人，就像拉车的牛马，现在还算恭顺，就怕将来他会掀翻车辕的束缚！"

该问的，是不是都问完了？可以收场了吧？刘基盘算着，紧绷着的心弦似乎放松了。就在这时，朱元璋抛出了一个最致命的问题："我看丞相大位，别无选择，只有请先生您担当了。"

作为臣子，听到这话，正常的反应当然是推辞，哪怕是假意的。可是，刘基的直爽性格坑了他。他脑子一热，冒出这一句："我并非没有自知之明，但我这人疾恶如仇，又没耐心做好繁重的事务性工作，如果让我当丞相，一定会辜负您的恩典。再说，天下人才众多，何愁找不到适合当丞相的人呢？还是请皇上慢慢找吧。"

说到这儿，恐怕朱元璋已经听不下去了：刘基你到底会不会说话啊？什么叫"疾恶如仇"？到底谁是"恶"？你自诩有做丞相的才干，我成全你，你反倒挑三拣四，婉言谢绝，让我别处找人。你什么意思啊！

更糟糕的是，刘基最后还补了一句："现在这几个人，在我看来都不合适。"

刘基这话一出，不仅得罪了当朝的几个丞相，而且间接指责皇帝用人无方，把朱元璋也给骂了。君臣对话结束了，朱元璋对刘基的信任，也算是结束了。

洪武三年（1370年），也就是胡惟庸提拔为中书省参知政事的同一年，刘基退休了。准确地说，是被朱元璋打发走了。刘基的继任者杨宪，办事急躁，就在当上中书左丞，掌管中书省的当月，杨宪被李善长扣上了"排陷大臣，肆恣为奸"的帽子，招致弹劾，下狱处死。

至此，淮西派完胜浙东派。五年后，刘基中毒身亡。种种迹象表明，授意大夫开药下毒的，就是胡惟庸。可是，如果没有朱元璋的默许，胡惟庸敢这么干吗？

四、权力之巅的明争暗斗

刘基去世，杨宪倒台，右丞相汪广洋终日饮酒，不务朝政，左丞相胡惟庸，自然就成了中书省的主宰了。或许他这辈子做梦也没想到，自己会连挫豪杰，平步青云。胡惟庸有些得意忘形了。似乎天下最有才干、最适合当丞相的人，非他莫属。

权力一旦失去约束，便会无限膨胀，甚至衍生出许多潜在的爆点。胡惟庸就是这样。他开始瞒着皇上，对官员升降、犯人处决之事擅自做主；他开始筛选各种奏章，截留对自己不利的，报喜不报忧。如此一来，送礼巴结者络绎不绝，胡家宅院整日门庭若市。

可高调之余，胡惟庸似乎忽略了一个人的感受。这个人，就是朱元璋。

朱元璋经历了从草莽到皇帝的生死历程，当然不愿自己用性命换来的权力，再与他人分享，哪怕是功臣。当初淮西派和浙东派互掐，朱元璋坐山观虎斗，是因两强争斗，相互制衡。当初提拔重用胡惟庸，也是看重他既有才干，又办事谨慎。这些状态，自然不会威胁皇权。而事到如今，胡惟庸无所顾忌的言行，已经令朱元璋忍无可忍。

既然忍无可忍，朱元璋为何不马上动手，把胡惟庸直接打掉呢？难道他还有什么顾虑吗？答案是有的。他怕的不是胡惟庸，而是胡惟庸背后的那股势力——不是李善长，也不是淮西派，而是绵延千年之久的丞相制度。这是秦汉以来悬在历代皇帝头顶的一把"达摩克利斯之剑"。明朝初年，朱元璋为了维系政权稳定，基本沿用了元朝实行的丞相制度，以中书省作为丞相主持的最高行政机构。然而，对于这个制度，他一直不放心。

除掉一个权臣，而没有根除其生存的土壤，就会有第二个、第三个权臣继续跳出来，对朱家子孙的皇权构成威胁。因此，朱元璋考虑的是治本之策、长久之计，那就要废除丞相制度。然而，这个制度历史悠久，在朝野内外认同度很高，贸然废除肯定争议巨大，甚至引发混乱。他必须设置情境，让所有人觉得，不废丞相，天理难容。而胡惟庸，正是他实现这一梦想的棋子。朱元璋需要营造氛围，让胡惟庸不断膨胀，直至爆燃。

显然，胡惟庸所做的一切，朱元璋心知肚明。换句话说，正是朱元璋的放纵，成就了胡惟庸的跋扈。

没错，胡惟庸跳进了朱元璋挖好的大坑里。

朱元璋在下一盘大棋，胡惟庸当然想不到这么多。他要做的，只是留条后路，保全自己。为了巩固辛苦换来的权势，他必须把淮西派做大做强。既要拉拢小喽啰，更要捆绑大老虎。他瞄准的这只老虎，就是李善长。他要把李善长捆在自己的战车上。

李善长之所以被高看，不是因为他的资历老，而是因为他拥有朱元璋颁发的两张"免死铁券"。胡惟庸认为，只要抱住李善长这棵大树，至少可以让自己保命。于是，他便利用自己跟李家的姻亲关系，拼命攀附，反复游说。李善长先是婉拒，后来实在拗不过，说了一句模棱两可的话："吾老矣，吾死，汝等自为之。"就算是默许了。

免死铁券，看似一张随时透支的信用卡，但它的信用全凭皇帝一张嘴。皇帝说它管用，它就值一个脑袋；皇帝说它作废，它就是一块废铁。胡惟庸和李善长都把这块铁皮看得太重了，也就让自己的政治品位低了不少。

倒霉的时刻，还是降临了。

先是因为儿子车祸身亡，胡惟庸怒杀车夫。这件事传到了朱元璋耳朵里。于是，在接下来的君臣问对中，任凭胡惟庸巧舌如簧，推卸责任，甚至愿意出钱认赔，可得到的只是天空飘来的四个字："杀人偿命。"

胡惟庸彻底傻了。《明史·胡惟庸传》里用"惟庸惧"三个字，形容他此刻的心情。一位跋扈惯了的高官，陷入了难以自拔的生死彷徨之中，内心的落差与纠结是常人难以理解的。或许此时此刻，他才意识到，在朱元璋面前，自己是何等渺小，拉拢李善长的努力是何等苍白。

他该怎么办？

五、停不下来的杀戮

根据《明史·胡惟庸传》里的记载，胡惟庸已经步入绝境，只得一条道走到黑，谋反的迹象越来越明显，从而为朱元璋收拾他制造了更多借口。然而，我宁愿相信《明史·胡惟庸传》记载的另一段故事：

> 十二年九月，占城来贡，惟庸等不以闻。中官出见之，入奏。帝怒，敕责省臣。惟庸及广洋顿首谢罪，而微委其咎于礼部，部臣又委之中书。帝益怒，尽囚诸臣，穷诘主者。未几，赐广洋死，广洋妾陈氏从死。帝询之，乃入官

陈知县女也。大怒曰："没官妇女，止给功臣家。文臣何以得给？"乃敕法司取勘。于是惟庸及六部堂属咸当坐罪。明年正月，涂节遂上变，告惟庸。御史中丞商暠时谪为中书省吏，亦以惟庸阴事告。帝大怒，下廷臣更讯，词连宁、节。廷臣言："节本预谋，见事不成，始上变告，不可不诛。"乃诛惟庸、宁并及节。

洪武十二年（1379年）九月，占城国（今越南南部）前来进贡。胡惟庸再次独断专行，没有奏报朝廷。这回，被朱元璋逮了个正着。因为有宦官看见了这个使团，便向朱元璋打了小报告。外国使团进京，皇上非但不知道，而且没见着，这算是严重的政治事件了。朱元璋闻讯，当然很生气。

胡惟庸和汪广洋被召入宫里问话。按说，俩人就说工作疏忽，认怂谢罪就好。没想到，胡惟庸按照以往的做法，把责任甩给了礼部。礼部尚书一琢磨：虽说官大一级压死人，但这事毕竟不是我干的，干吗颠倒是非，要我背黑锅？于是，他把球踢回了中书省，也就是胡惟庸的衙门。

如果是智力平平的皇帝，很快就会被皮球的运行轨迹搞得稀里糊涂。可是，朱元璋在盛怒之余，却没被绕进去。他传旨赐死汪广洋，将涉案官员一律关押。汪广洋临死前，他的小妾陈氏出面表示，愿意陪死。本来，这是"贞洁烈女"的表现，在那个年代应该受到社会赞誉的。可是，朱元璋却从别的渠道获悉，陈氏本是一位罪臣之女，应该抄没入官，而且只能赐给功臣家为奴，怎么会被一般的文官纳为小妾？于是，他下令严查此事。

占城事件和陈氏事件叠加在一起，让胡惟庸和六部官员都陷入了惶惶不可终日的状态。为了自保，胡惟庸的亲信党羽里出了叛徒。这个人名叫涂节，是朝廷的御史中丞。

洪武十三年（1380年）正月，他给皇帝写了一份奏疏，历数胡惟庸阴谋造反的证据。与此同时，朱元璋还收到前任御史中丞商皓的告状信。两份奏疏，矛头直指胡惟庸。

这正是朱元璋期待已久的时刻。胡惟庸不仅背上了谋反的罪名，被夷灭三族，而且凡是有跟胡惟庸有瓜葛的人，不管是借过钱的，还是说过话的，都被视为嫌疑犯，一律处死。就连李善长也未能幸免。那句模棱两可的话，要了他全家七十多人的性命。

御史中丞，原本是刘基的差事。刘基没做到的事，他的继任者涂节做到了。刘基不愧是百姓心目中"智多星"的化身。在那次君臣对话中，他不看好的杨宪、汪广洋、胡惟庸，确实都未能善终。历史，就是这样吊诡。

淮西派倒了，涂节也没能因这份奏疏而幸免。廷臣们认为他曾参与谋反，至少也是"犯罪中止"，也得杀头。于是，涂节为自己的叛变行为付出了血的代价。

胡惟庸的爆燃，给朱元璋带来了前所未有的快感。胡党大狱兴起之时，金銮殿上匍匐跪下的大臣们，个个脸上写满了恐惧。没人再敢染指丞相大位，那并非意味着权力，而是意味着死亡。看到这一切，朱元璋终于露出了得意的笑容。然而，他的屠刀仍未放下。

接下来，这把刀就落在了丞相制度的头上。朱元璋兴起胡惟庸大狱后，"革中书省，归其政于六部"。将六部升格，直接向皇帝奏报。于是，皇帝就兼有国家元首和政府首脑的双重角色，朱元璋实现了"躬览庶政","收天下之权以归一人"。大臣对皇帝不再有制衡作用，而是拜倒在皇权之下，服服帖帖。

丞相制度消失了，皇权迅速膨胀，君主专制大大加强。绵延千余年的君相之争，看似以君主的胜利而收场。

然而，问题来了：没了丞相和中书省，谁来帮朱元璋处理如此浩繁的政务？废除丞相，究竟会对明朝乃至中国高层政治体制的变化，产生怎样的影响？

六、走上政坛的大学士

绝对的权力，意味着绝对的责任。废丞相、扩君权带来的苦，朱元璋很快就尝到了。

明王朝的疆域虽然远不及清朝，但依然幅员辽阔，国家政务千头万绪，"事皆亲决"，根本忙不过来。我们看看朱元璋在废掉丞相后，要面对多大的工作量吧：

仅以洪武十七年（1384年）九月十四日至二十一日这八天为例，各个衙门报来的奏章多达1160份，奏报的事情有3391件。就以每份奏章1000字算，朱元璋平均每天得读14.5万字。当然，除此之外他还得办事，平均每天424件事；他还要上朝理政，接见大臣，可谓日理万机。白天忙公务，夜里躺床上还在琢磨事。吃饭的时候想起什么事，还要写在纸条上，贴在屋里的墙上，以便备忘和及时处理。

工作如此辛苦，朱元璋为何还乐此不疲？难道他就是天生的永动机吗？当然不是。驱使他勤勉为政的，就是开国皇帝的责任感。正如在一篇谕旨中所说："凡事，勤则成，怠则废，思则通，昏则滞。故善持其志者不为昏怠所乘，是以业日广，德日进。"

意志力固然可贵，但看着每天堆积如山的奏章，朱元璋总有吃不消的一天。光靠自己，迟早会忙不过来的。更何况自己的子孙能否有勤政的意识、耐力和本事，还未可知。为自己计，为子孙计，这位贪恋皇权者只能寻找帮手，以摆脱废掉丞相后陷入的现实窘境。《明史·安然传》上说，就在废相的当年九月，朱元璋"又念密勿（晤）论思不可无人，乃建四辅官……诏天下举贤才"。

"辅官"是个奇怪的职位。它的职责是给朱元璋讲经论道，捎带处理一些事务性工作。它看起来更像是皇帝的参谋班子，没有决断权。可即便是这个无权的"智囊团"，朱元璋也只是选"皆老儒，起田家，惇朴无他长"的人来担当，怕的就是他们因事揽权，逐渐获得先前丞相的实权。可这样一来，这个老气横秋的"智囊团"，工作风格四平八稳，压根就提不出创见，更谈不上大刀阔斧地做事了。没过两年，这个班子就解散了。

洪武十五年（1382年）十一月，朱元璋又想出一招：效仿宋朝制度，设立"殿阁大学士"。这个职位在宋朝，只是给做过宰相的官员增加的荣誉头衔，象征朝廷的恩宠和褒奖。而在朱元璋这儿，性质就变了，要干实事，也就是当顾问。不过，大学士的品秩很低，最高不过五品。出主意没问题，但在朝廷里毫无威望，军国大事"鲜所参决"，也就相当于文秘侍从而已。

不管怎么样，大学士作为一种新的官职，开始出现在历史舞台上。

朱元璋对大臣们的防范和猜忌，不仅酿成了多起大狱，把功臣杀个精光，还在全社会制造了"官不聊生"的恐怖氛围。更糟糕的是，他违背了"天下非一人之天下"的理念。历史上，懒政而致亡国的例子不在少数，勤政而致亡国的例子也并非罕见。唐太宗在总结隋朝灭亡的教训时，就把病根指向了隋文帝杨坚，说他"每事皆自决断，虽则劳神苦形，未能尽合于理"。看起来很用功很勤勉，但由于不信任官员，也就听不进正确意见。连宋真宗都感慨："天下至大，人君何由独治也？"朱元璋虽然熟读历史，但还是走上了这条历史证明行不通的错误道路。

朱元璋可以当苦行僧，继续没日没夜地看奏章，他的子孙们就没那个耐心了。找些靠谱的帮手，势在必行。

七、阁臣大行其道的政治悖论

洪武三十一年（1398年），明太祖朱元璋病逝。接下来的几年里，为了至高无上的皇权，他的儿子朱棣跟孙子朱允炆（建文帝），叔侄二人进行了长达四年的内战，历史上称为"靖难之役"。朱棣笑到了最后，成为明朝第三任皇帝——明成祖。朱允炆下落不明，有人说南京城破之日他被烧死了；有人说他侥幸逃离，剃度为僧；有人怀疑他云游四海，甚至到了国外。总之，他的下落成了历史之谜。

朱棣靠刀枪接班，坐定皇帝宝座，改年号永乐。上台伊始，他就做出了两项截然相反的决策：

一是丧心病狂地报复建文旧臣。封建社会的政治史，总在重复着"成王败寇"的剧情。靖难之役后，齐泰、黄子澄、方孝孺等建文旧臣遭遇灭顶之灾，不仅身败名裂，而且家人涂炭。尤其是号称

"天下读书种子"的名儒方孝孺，被"灭十族"，凸显了朱棣心理变态的特质，开创了明朝屠戮知识分子的恶例。

二是延续建文君臣的"削藩"政策。在朱棣看来，建文"削藩"，初衷正确，输在用人失当、决策失误。当年朱元璋广置同姓王镇守边疆，赋予军政实权，是在屠杀功臣之余，处境高度孤立，从而笃信"疏不间亲"。然而，靖难之役的现实说明，在皇权面前，"打虎亲兄弟"的说法并不可靠。朱棣当然不愿造反的事例，在自己身后重演。于是，他把拥兵自重的藩王迁回内地，解除兵权；他既赐给藩王们庄田，足其衣食，又设置禁令，一旦违反，严惩不贷。藩王尾大不掉的问题消除了，但皇族人口的规模不断膨胀，土地兼并日趋激烈，到明朝中后期，这些成为朝廷财政经济不能承受之重。

与朱元璋相比，朱棣对事务性工作的热忱并不高。巩固政权的同时，他也在琢磨，如何既强化君主专制，又能给自己减轻工作量，使决策更科学。太祖祖训犹在，丞相是不能恢复的，但朱元璋设置过殿阁大学士，协助顾问朝政、讲经论史，甚至协助处理奏章。这个传统被朱棣继承了下来。

旧人故去，位子空悬，硝烟散去，亟须新人填补。于是，朱棣就从翰林院的官员中特简解缙、胡广、黄淮、杨士奇、杨荣、金幼孜、胡俨等七名学士到宫里当值。由于他们在宫里的办公地点是在文渊阁，又参与国家机密事务，故而他们就组成了中国最早的"内阁"，而他们也被称为"阁臣"。

这里的"内阁"，跟近代西方资本主义国家的"内阁"有很大差别。

首先，这不是行政机关，也并未取代丞相府，无权拍板执行，只是皇帝的参谋、助手，唯出谋划策而已。

其次，内阁没有机构，"不置官属，不得专制诸司。诸司奏事，亦不得相关白"，再次说明它只是君权的附属品，而非正式衙门。

再次，殿阁大学士级别不高，不超过五品，担任大学士的官员，要想在官僚队伍中出人头地，必须身兼其他职务。不过，朱棣继位之初，这七人还只是翰林学士。

阁臣的地位不高，但他们朝夕侍内，接近皇帝，其建议对最高决策确有重要影响。

一天晚上，军报传来，说宁夏被蒙古铁骑包围。当夜杨荣当值内阁，朱棣就把军报拿给他看。杨荣阅后表示，宁夏城池坚固，军民习战，军报从发出至今已有十余日，眼下宁夏之围该是解除了。果然，新的奏报在后半夜即送到，说宁夏之围已解。

又一次，江西发生骚乱，朱棣先派使者招抚，又派将军韩观率兵随后跟进。很快就传来了骚乱平定，叛乱者接受招抚的军报。朱棣打算犒劳韩观。杨荣连忙阻止，他的理由是：推算这份军报从当地发出时，韩观率军尚未抵达江西，因而不该给他论功。

不得不钦佩杨荣的智慧和细心算计。没错，这两件事令朱棣对杨荣刮目相看，同时也说明大学士只能出主意，而无权拍板决策。

明成祖朱棣去世后，大学士不仅得到先后继位的明仁宗朱高炽、明宣宗朱瞻基的重用，而且都有机会兼任六部尚书、侍郎的职务，行政级别和政治地位大幅提高。永乐年间的旧臣杨士奇、杨荣和杨溥，成为明仁宗、明宣宗倚重的阁臣，号称"三杨"。他们同心辅政，各尽其才，君臣关系融洽，改变了朱元璋时代君主丧心病狂、大臣动辄得咎，导致君臣关系疏离的状况。

君臣和谐的背后，是永乐以后文官政治格局的日趋成熟。

一方面，内阁参与朝政的渠道不断明确。主要是对奏章提出初步意见，写在小票上，附在奏章之上提交皇帝定夺，称为"票拟"。虽然决策权仍在皇帝手里，但在承平之世里，皇帝勤政作风"边际效用递减"，对内阁的"票拟"更多是言听计从式的认可。这就使得内阁的实际决策权有所提升。

另一方面，越来越多的大学士兼任六部尚书、侍郎，控制了从出主意、建议决策到具体执行的行政全流程，使得大学士在皇帝的倚重下，"阁权之重偃然汉、唐宰辅"的地步。明代中后期，涌现出类似严嵩、张居正等阁老权臣，绝非偶然。

无论任何朝代的任何皇帝，都无法以一己之力，担负起整个国家机器的运转。他们需要帮手。而帮手一旦上道，难免喧宾夺主。因此，朱元璋苦心孤诣经营的升级版君相之争，不符合传统政治的客观规律。虽然他废掉了丞相，却无法阻止丞相改头换面，以殿阁大学士的形式满血复活，甚至一度主宰了明王朝的命运。这不是朱元璋愿意看到的，但又难以避免。君相之争的历史进程，皇帝还没赢。

朱元璋的困惑，给后世留下了一道难题。如何最大限度地强化君权，削弱相权，同时又能让皇帝不那么辛苦？朱元璋及其子孙和清朝的皇帝们，给出的答案大相径庭。

这几本书值得读一读：

1. 李渡：《明代皇权政治研究》，北京：中国社会科学出版社，2004年。

2. 谭天星：《明代内阁政治》，北京：中国社会科学出版社，1996年。

3. 吴晗：《朱元璋传》，西安：陕西师范大学出版社，2008年。

4. 朱永嘉：《明代政治制度的源流与得失》，北京：中国长安出版社，2015年。

第二章

"特务"遍地走

　　洪武年间的一天，翰林学士宋濂心情大悦，跟几个朋友夜宴饮酒，喝得酩酊大醉。次日早朝，朱元璋笑眯眯地问宋濂："宋爱卿，你昨晚是不是又喝多了？"宋濂纳闷：皇上怎么连我在家饮宴的事都知道？他不敢隐瞒，坦然承认。

　　朱元璋又问："你都请了哪些客人？吃了什么菜？喝了什么酒？"宋濂都据实回答。朱元璋听罢，很高兴地说："嗯，爱卿答得都对，没欺骗我。"只见宋濂此时，已经汗如雨下。或许此刻他正心有余悸地庆幸自己没有欺君。

　　接下来，朱元璋转过头来，又问国子监祭酒宋讷："宋爱卿，昨天你为什么会生气呢？"宋讷听罢一惊，只好实话实说："昨天我的学生打碎了一个茶器，我深感惭愧，觉得教导无方，所以生了闷气。陛下何自知之？"朱元璋呵呵一乐，叫太监递给宋讷一幅图画，画的正是处在"危坐有怒色"状态的宋讷。看了这幅画，宋讷吓得浑身打战：这不就是昨天的自己吗？怎么皇上给画了下来！还画得这么活灵活现！于是，他赶紧跪下磕头，谢主隆恩。

　　这两个桥段都是历史事实，《明史·宋濂传》有详细记载：

　　（宋濂）尝与客饮，帝密使人侦视。翼日，问濂昨饮酒否，坐客为谁，馔何物。濂具以实对。笑曰："诚然，卿不朕欺。"

《明史·宋讷传》则如此记载：

> 帝使画工瞯讷图其（宋讷）像，危坐有怒色。明日入对，帝问昨何怒。讷惊对曰："诸生有趋跄者，碎茶器。臣愧失教，故自讼耳。且陛下何自知之？"帝出图。讷顿首谢。

大臣的家事，皇帝当然不可能趴在墙头偷听，蹲在窗前窥视，这些工作都交给了一个特别的机构——锦衣卫。作为中国历史上最有名的特务机构，锦衣卫跟明王朝相始终。用这种秘密政治的手段，皇帝实现了对大臣从公共领域到私人领域的监控全覆盖。为了项上人头，许多大臣只好噤若寒蝉，无论什么场合，都不敢多说，遑论妄议朝政。

到了清朝，锦衣卫虽然没了，但秘密决策的习惯和特务政治的做法，却被继承下来，蔓延开去，甚至形成了一套对抗相权的新制度。这究竟意味着什么？

一、酷吏纪纲的人生闹剧

让我们把镜头切回锦衣卫自身。

许多人总会把东厂、西厂和锦衣卫弄混，认为它们都是宦官提领的特务机构。可是，锦衣卫恰恰不归宦官管。

锦衣卫的前身，是明太祖朱元璋所设的"拱卫司"，洪武二年（1369年）更名"亲军都尉府"。洪武十五年（1382年），"亲军都尉府"及其统辖的"仪鸾司"改名为"锦衣卫"，级别也从"拱卫司"时期的正七品提升到此时的正三品，相当于一个省部级单位。

锦衣卫的职责是"直驾侍卫，巡察缉捕"，既管皇帝出行的警戒，又管侦查逮捕和秘密审讯，可以抓捕任何人，包括皇亲国戚，此外还肩负刺探军情、策反敌将的任务。锦衣卫指挥使作为这个特务机构的最高长官，一般由皇帝任免，直接听命于皇帝。

在锦衣卫里，最能体现其权威的内设机构，就是南北镇抚司。其中，南镇抚司管锦衣卫内部法纪，北镇抚司管皇帝钦定的案子，有自己的监狱（称为"诏狱"），可以自行逮捕、刑讯和处决，不必经过刑部、大理寺等司法机构。

两个镇抚司中，南主内，北主外，显然北镇抚司权力更大。由于外出执行任务较多，地方官对北镇抚司更加毕恭毕敬，呼为"钦差"或"上差"。而这些外出执行任务的北镇抚司特务军士，又有个俗称，叫"缇骑"，不仅凶悍异常，而且作为职业允许世袭。

随着锦衣卫权力的膨胀，锦衣卫指挥使也越来越牛。纪纲就是个代表。

建文二年（1400年）五月，燕王朱棣率军途经山东临邑县宿安乡，忽有两人闯入军营，扣住他的坐骑，请求参军效忠。朱棣见这两人刀马娴熟、胆略过人，当即收入帐下，作为亲兵。其中一位，就是纪纲。

后来，纪纲在朱棣身边左冲右突，立有战功，靖难之役结束后就被提拔为锦衣卫指挥使。他也不含糊，在处置建文旧臣的行动中心狠手辣，屠杀数万人。这一做法固然残忍，但也相当于在主子面前表了大大的忠心，因而被朱棣视为心腹。

有了皇帝的信任和锦衣卫的实权，纪纲的手越伸越长。贪财、好色、擅权集于一身。他曾矫诏强夺官船和官盐，构陷富商抄没资产，全部据为己有。他曾跟阳武侯薛禄争夺一名长相甜美的女道士，竟动用私刑，把这位侯爷摁倒在地，用铁瓜打破脑壳。他非但不受宦官节制，反而阉割良家幼童数百人，留在自己身边服侍，俨然以锦衣卫里的皇帝自居。

朱棣上台后，汲取朱元璋在接班人选问题上的教训，曾在长子朱高炽和汉王朱高煦之间犹豫不决。前者虽年长，但体态肥胖，品质宽厚；后者虽年幼，但身轻体健，勇武过人。朱棣曾想废长立幼，但被阁臣解缙劝止。不幸的是，汉王朱高煦侦知此事，恨透了解缙，便借机参劾解缙私谒太子。解缙入狱后，他又买通纪纲，将解缙灌醉后拖到雪地里活活冻死。这位主持纂修《永乐大典》的奇才，竟这样被纪纲活活害死。

或许是连连得手，纪纲更加无所顾忌。朱棣传旨全国选美，纪纲竟先行挑选，把绝色美人藏在自己家里享用。查抄到已故王爵的冠服后，竟私藏在家，穿在身上，饮酒作乐，让别人高呼万岁。

最奇葩的是，永乐十四年（1416年）端午节，明成祖朱棣主持射柳比赛。虽说纪纲射术高超，但这次他却对锦衣卫镇抚庞瑛说："我故意射不准，箭射出去以后，你就把柳枝折下来，大声呼喊我射中了，看看有谁敢出来揭发我。"谁都知道，纪纲这么做是秦朝宦官赵高"指鹿为马"的故伎重演。所以，面对庞英"折柳鼓噪"的表现，大家都装孙子，不吭声。

根据《明史》的记载，经过这件事后，纪纲觉得，天下没人再敢难为他了。他竟然萌生了谋反的念头。我们无法想象，一个出身卑微的锦衣卫指挥使，会膨胀到图谋造反的地步。毕竟对他来说，眼下已经登上巅峰，或许再多走一步，就是死亡的深渊。

纪纲有些得意忘形了，他忘记了自己的为所欲为，靠的是什么。他忘记了自己的权力和地位，究竟是谁给的。说白了，就是摆错了自己的角色定位。

大臣们噤若寒蝉，可朱棣看在眼里，全明白了。跟朱元璋一样，朱棣对一切威胁皇帝权威的言行，都是不可容忍的。既然大臣们不敢说话，那他就授意宦官们出面，揭发纪纲的种种不轨行径。谁都知道，这些都只是前戏和借口。在这个"君要臣死，臣不得不死"的年代，皇帝对付一个特务头子，还是有足够的资源和手段的。

于是，纪纲被逮捕，没有送到锦衣卫，而是押到了都察院。审讯只进行了不到一天，连正常的法律程序都没走完就结束了。都察院的结论是："其家蓄养亡命之徒，私造铁甲弓弩数以万计。"不管罪名是不是编的，这个谋不轨的罪名是坐实了。纪纲尝到了"以其人之道还治其人之身"的滋味，被凌迟处死。全家老小发配边疆。

纪纲倒台了，但锦衣卫并没有解散，仍继续运转。人们有理由相信，处死纪纲，只是明成祖朱棣恩威并施的一种驭臣之术。他借用锦衣卫的大棒压制群臣，达到强化专制的目的，再用"正义"的屠刀，将"矫枉过正"的酷吏一网打尽。无论是汉武帝、武则天时代，还是明王朝，酷吏只是充当了皇帝玩弄权术、塑造形象的人梯。

锦衣卫指挥使，通常都是皇帝的铁杆鹰犬。忠诚，是其天职和天性。然而，忠诚的表现各有不同。纪纲是一类，为表忠心，荼毒无辜；袁彬是另一类，清心寡欲，刚正不阿。在明英宗塞外被俘、身陷囹圄的困境中，只有他侍奉左右，悉心护卫；在明宪宗成化年间官场贪腐成风的背景下，他能一改锦衣卫招权纳贿、欺压官民的形象，殊属不易。然而，这样的"另类特务"，在明朝并非多数。

二、"一个朱皇帝，一个刘皇帝"：宦官擅权局面是怎么形成的

明朝正德年间，京城流传着这样的政治顺口溜："一个坐皇帝，一个立皇帝。""一个朱皇帝，一个刘皇帝。""坐皇帝"和"朱皇帝"，当然是指货真价实的明朝君主。那"立皇帝"和"刘皇帝"，是指谁呢？

顺口溜说的这位站着办公的"皇帝"，就是宦官刘瑾。凭借明武宗的宠信和纵容，这位仁兄权势熏天，横行政坛，甚至明武宗做决策时，也要听凭身边的刘瑾吩咐。大臣们上朝时山呼万岁、跪倒磕头时，接受大礼的不光是皇帝，还有刘瑾。大家没人敢说不，刘瑾也觉得这样做天经地义。

如果朱元璋从明孝陵里坐起来，看到这一幕，一定会把鼻子气歪。丞相的权力被大学士接了去，如今又冒出宦官专权，那皇帝成什么了？皇帝还有什么？

当初朱元璋接掌天下后，费尽九牛二虎之力，才朝实现"收天下之权以归一人"的方向迈出了几个重要的步伐。收拾了宫外的朝臣后，他又把注意力瞄准了身边人。在中国历史上，一些年幼或怠政的皇帝，往往把政务推给身边人，特别是宦官处置，从而形成了

宦官专权、祸国乱政的局面。这样的案例很多。朱元璋感慨"吾见史传所书，汉唐末世皆为宦官败蠹，不可拯救，未尝不为之惋叹"。于是，下决心用制度来约束宦官，避免明朝重蹈覆辙。

朱元璋对宦官的禁令不可谓不严厉：规定宦官不得穿戴大臣的衣帽，不得兼任普通官职，官阶不得超过四品，不得与各衙门往来公文，不许教宦官读书识字。他甚至还在宫门竖了一块铁牌，刻有"内臣不得干预政事，预者斩"的字样。有宦官公然妄议朝政，还真被他打发回乡，永不叙用。

可是，这种严厉的规矩没实行几年，就被朱元璋自己打破了。当跟随自己出生入死的那些功臣宿将，一个个背上谋反的罪名身首异处；当那些曾是自己掌上明珠的儿孙，一个个走上镇守边疆的藩王岗位时，老皇帝突然发现，自己身边空落落的，没几个值得信赖的近臣了。他只能依赖宦官，让他们外出办差。于是，宦官们开始走出宫门，参与边境的茶马贸易，到各地传布圣旨。

办差的机会多了，内廷对宦官的需求量自然大增，除了在国内征召，还要朝鲜、安南（今越南）等属国进献，每次动辄几十上百人。人员多了，就要加强管理。于是，洪武十七年（1384年），朱元璋传旨设立九监、二库、六局，作为常设的宦官机构。这就为后来著名的宦官二十四衙门（十二监、四司、八局）奠定了基础。

不管怎么说，朱元璋总体上还是限制了宦官的活动。即便略有松动，但高压态势依旧。但到了永乐、宣德年间，情况就不同了。

朱棣进行靖难之役，战事一直胶着于华北平原。绕开山东，直接突袭京城应天（今江苏南京），绝对是军事冒险。万一京城严防死守，燕王大军顿兵坚城之下，战局就会对朱棣极其不利。朱棣做出这项战略决定前，一定深思熟虑过。他的底牌之一，就是买通了建文帝朱允炆身边的宦官。《明史·刑法志》就记载，朱棣"刺探宫中事，多以建文帝左右为耳目"。宦官在靖难之役中扮演的角色，除了间谍密探，还有战场上的功臣。夺取皇位后，朱棣投桃报李，做了四方面的工作，使宦官的处境有了很大改善：

一是抬高官名档次。秦汉时代，宦官担任的官衔多是"中"字头，比如中常侍、中车府令。到洪武年间，官衔一般是监正、监副、监丞之类的"监"字头。朱棣直接将"监正"改称"太监"，宦官一跃而成"太"字辈，人们也逐渐将宦官与太监画上等号。这实际上变相提高了宦官的档次。正如明代学者张志淳在《南园漫录》中所说，"夫天子之亲，乃以太称。今中人之职亦曰太，其视汉、唐、宋止以中名者却盛矣"。

二是让宦官掌军权。郑和下西洋的壮举，开创了明代宦官率军远航的先例；派内官王安进入都督谭青的军中，开创了明代宦官监军的先例；宦官马靖镇守甘肃，开创了明代宦官镇守边镇的先例。虽然很难说这样做的优劣，但至少令宦官在社会上的话语权大增。

三是干预地方经济事务。无论是设在苏州天心桥的织造局，还是设在广州的市舶司，从永乐年间起，都由宦官掌管。财权在握，宦官的经济实力恶性膨胀，他们利用在皇帝身边的特殊便利胡来，假传圣旨，横行不法的事便层出不穷，给地方官民惹了不少麻烦。

四是提领特务机关东厂。永乐十八年（1420年），朝廷设置东厂，由宦官提领，刺探臣民阴事，这为宦官的特务活动开了方便之门。

由于皇帝交办的任务繁多，再不让宦官学习文化知识，恐要误事。于是，到了宣德年间，皇帝在宫里设"内书堂"，由大学士陈山教宦官读书识字。

"宦官不可怕，就怕宦官有文化。"当宦官获取了足以擅权的文化知识，掌控了足以擅权的政治、军事、经济和社会资源后，凭借皇帝的信赖，他们在明朝政治舞台上的动静越闹越大。清代学者赵翼在《宦官之害民》中说："东汉及唐、明三代宦官之祸最烈。"他说的明代宦官之祸，特别是王振、刘瑾和魏忠贤惹的乱子，就肇起于此。

三、东厂和西厂：制约相权扩张的大杀器

东厂的全名叫"东缉事厂"。西厂的全名叫"西缉事厂"。虽然都是特务机构，都直接听命于皇帝，都可以不经司法机关批准而直接逮捕官民，但东厂、西厂跟锦衣卫的最大不同，就是东厂、西厂由宦官统领，地位和权力高于锦衣卫。值得一提的是，西厂只存在于成化、正德年间，而东厂寿命很长，从永乐朝一直延续到明朝灭亡。

我们先说说东厂。

东厂的首领称为"钦差总督东厂官校办事太监"，简称"掌印太监"或"厂公"。在明代的宦官队伍里，地位仅次于司礼监掌印太监，通常是由司礼监秉笔太监中排行第二、第三的宦官担任。而东厂的机构设置更精干，最初的人员也是从锦衣卫里挑选，算得上是精锐中的精锐。

"缉访谋逆、妖言、大奸恶等"，是东厂的基本职能。不过，永乐年间初创之时，东厂只负责侦缉和抓人，由于没有自己的监狱，

抓到人犯后一般交给锦衣卫处的北镇抚司审讯处置。因此，厂和卫在业务上是要合作的，人们也以"厂卫"并称这两个特务机构。

东厂的侦缉范围很广。朝廷会审大案，锦衣卫北镇抚司拷问重犯，东厂都会派人听审；东厂的人员也会遍布朝廷各个衙门，监视官员的一举一动。这样看来，东厂对官府的渗透力，要比锦衣卫更深入。

锦衣卫历史悠久，办案经验丰富，但宦官只需凭借离皇帝近这么一点特权，就把锦衣卫的多年优势彻底打破。离皇帝近，既容易得到皇帝信任，又可以在皇帝跟前口头报告，这比锦衣卫靠写奏疏报告要省事，效率也高。皇帝还授权东厂监督锦衣卫人员。这样一来，东厂就逐渐变成了锦衣卫的上司，获取了自行设置监狱、审讯犯人的权力。到了魏忠贤时代，锦衣卫指挥使见了东厂厂公，都要下跪磕头。

有东厂的侦缉制约，无论是大学士、尚书侍郎，还是普通官民，都不敢乱说话，更不敢动谋反的念头。阁老再牛，也要结交宦官，才有机会冲击"一人之下，亿万人之上的权柄"。张居正推行财政改革，如果得不到大太监冯保的支持，怕也是寸步难行。

皇帝设立东厂，本来是要自己最信任的宦官替自己办事。因而，东厂大堂里摆着岳飞的大幅画像，提醒东厂人员办案时要像岳飞那样，既不冤枉好人，也不宽纵坏人，时刻忠于皇帝。堂前还有一座"百世流芳"的牌坊。可是，在实际办案中，除了表面上效忠君王，东厂似乎压根就没照着做，更多的是在罗织罪名，诬赖良民，屈打成招，趁机勒索，成了十足的流氓机构。他们的侦缉范围，也从京城拓展到全国各地，甚至远达朝鲜半岛。

皇帝本要依仗东厂收权，没想到收回来的大权并未落到皇帝手里，而是被东厂滥用，人为制造黑暗政治和冤假错案，造成了极为恶劣的口碑。传说，京城有四个老百姓在酒馆的密室夜宴。一人喝多了，趁着酒劲大骂魏忠贤，其余三人静静地看着他，根本不敢出声。话音未落，密室里突然闯进好几名彪形大汉，直接把他们抓到了东厂。魏忠贤下令，将骂人者当场剥皮，其余三人给赏钱打发走。这三位走出东厂，依旧沉浸在魂飞魄散的状态，竟不相信眼前看到的一切是真的。

东厂作为流氓机构的种种劣迹，在明熹宗在位时期，被宦官魏忠贤无限放大。许多东林党人惨遭迫害，失去了登堂入阁的历史性机遇。

西厂的设置更富于戏剧性。成化十二年（1476年），京城发生了几件神秘案件。据传有妖道以旁门左道蛊惑人心，甚至借助宫中亲信，有机会到万岁山（今景山公园）观察地形，不排除弑君的可能性。虽然妖道伏法，但此案令明宪宗非常紧张。担惊受怕之余，他就让宦官汪直从锦衣卫中选拔得力人员，乔装打扮成平民，到宫外了解民情动向。汪直借机上下其手，搜罗上报了一些"秘密消息"。这让明宪宗非常满意。于是，乔装侦查就变成了经常性的做法，最终组织了一个新的内廷机构，这就是西厂。由汪直来做提督。

跟东厂一样，西厂最初也是从锦衣卫中选拔军官。不过这些军官可以自行选拔部下，所以西厂的规模很快就超过了东厂。皇帝赋予西厂的职责，本来只是刺探情报，可汪直却在全国范围内布下侦缉网，拼命罗织大案要案，随意逮捕，严刑逼供。成立不到半年，就弄得朝野上下，人心惶惶。在阁臣们的联名痛陈下，明宪宗曾一度将西厂撤销。可是，没有西厂的日子，皇上很没有安全感。于是，一有人撺掇，明宪宗又重建西厂。直至几年后汪直在权力角逐中倒台，西厂才第二次解散。

明武宗继位后，重用宦官刘瑾和谷大用等人，由谷大用主持复开西厂。有意思的是，虽然东厂和西厂都受大宦官刘瑾节制，但两者争权夺利，相互拆台。无奈之下，刘瑾只好又建了一个内行厂，由他本人亲自统领，侦缉范围一度扩大到东西厂和锦衣卫。在刘瑾专权的几年里，一卫三厂同时并存，缇骑四出，天下骚动。这样的恐怖局面，夯实了这位"立皇帝"擅权的基础。

正德五年（1510年），"立皇帝"刘瑾倒台，西厂和内行厂随即撤销。

厂卫的存在，给宦官专权提供了便利的政治条件。他们借助特务平台，蒙蔽皇帝，巧取豪夺，胡作非为，导致政治黑暗，经济衰退，社会动荡，不断蛀蚀明王朝的大厦根基。然而，即便像崇祯皇帝这样对宦官恨之入骨，继位之初就逮捕魏忠贤、罢黜阉党的皇帝，仍旧重用宦官，依赖厂卫。他还振振有词："苟群臣殚心为国，朕何事乎内臣？"毕竟，特务机构是皇权的延伸，其兵锋直指蠢蠢欲动的相权。

君相之争，不光在光天化日下角力，也在密室里暗流涌动。宦官专权和厂卫的存在，只是满足皇帝这一集权需求的衍生品而已。

四、军事体制的调控与失灵

就在明朝君王不断动用特务组织和宦官来算计阁臣之时，放弃大都（今北京）、逃到塞外的元朝残余势力，依然雄踞大漠草原。尽管它们后来分裂为瓦剌和鞑靼两个大部落，但仍始终是明王朝的肘腋之患。

为了给子孙后代留下一颗没有荆棘的大棒，朱元璋的后半生一直在操心塞外的事。

洪武二十一年（1388年），捷报传到应天府，明朝军队在塞外捕鱼儿海（今内蒙古呼伦贝尔草原的贝尔湖）取得了史无前例的完胜。击毙元朝太尉蛮子，俘获元朝残余势力、君主脱古思帖木儿的次子地保奴，以及嫔妃公主123人，官属3000人，男女7.7万人，还有大量的牛马骆驼羊、玉玺、图书、金银等物。从此，元朝残余势力一蹶不振，在其后的数十年里，不再对明朝的长城沿线构成威胁。

可蓝玉，这位捕鱼儿海战役的首席功臣，朱元璋的安徽老乡（定远人，属于淮西集团），却在其后的几年里经历了过山车式的折腾。先是因功晋封凉国公，被朱元璋比作卫青、李靖。然而五年后，就被扣上"谋反"的罪名处死。不仅如此，受蓝玉案牵连而身首异处的功臣宿将，多达两万人。

胡惟庸案，使淮西集团的文官遭遇了灭顶之灾；蓝玉案，则让淮西集团的武将也几乎全数凋零。根据后人研究，蓝玉虽有居功自傲的迹象，但绝无必要"谋反"。蓝玉案，是一桩成色十足的冤案。

朱元璋如此兴师动众地屠戮军界功臣，大概有两方面考虑：

一是燕王朱棣等皇子在捕鱼儿海战役两年后，出征塞外大获全胜，俘获元朝残余势力的平章乃儿不花及以下数万人。这一成就使朱元璋相信，自己的儿子们有能力屏藩朝廷，保卫朱姓江山的胜利果实。农民出身的朱元璋，受到农村基层社会宗法观念的影响极深，他更信任的，不是像参与创业的"职业经理人"这样的功臣宿将，而是血脉相连的同宗兄弟和子女。既然儿子们靠谱，外姓人自然要靠边站了。

二是朱元璋对军界功臣的跋扈向来不满。这些功臣文化程度不高，得胜后往往纵兵抢掠、倨傲一时。朱元璋担心太子朱标和皇太孙朱允炆继位后，无法管束这些叔叔辈和爷爷辈的能人，于是采取了这种野蛮的处理手段。尤其是朱标英年早逝，朱允炆年幼柔弱，使朱元璋痛下杀手的决心更加坚定。

狡兔死，良狗烹，在明朝演绎到了极点。然而，这还只是治标之策。朱元璋为他的千秋万代考虑，还得在治本之策上做文章。

其实，早在处死胡惟庸的同年（洪武十三年，1380年），朱元璋就在军事领域推出了一项重大改革。他撤销了统领全军的大都督府，而将全军指挥权一分为五，设立五军都督府，和兵部一起构成国家的军事机构。不过，两者的分工各有不同：

"兵部有出兵之令，而无统兵之权；五军（都督府）有统军之权，而无出兵之令。……合之则呼吸相通，分之则犬牙相制。"一旦"征伐则（皇帝）命将充总兵官，调卫所军领之；既旋则将上所佩印，官军各回卫所"。

也就是说，五军都督府管兵，却不能调兵；兵部管调兵，但手里没兵。和平年代，兵由各省的都指挥使司和各地卫所管理与训练。战时由皇帝从五军都督府钦点将领，担任总兵官，由兵部调兵归其指挥；战事结束，将领交出指挥权，士兵各回卫所。这样一来，军事最高决策权操控在皇帝手里，将领的军权受到掣肘，增加了对抗朝廷的难度。

这是对宋太祖"杯酒释兵权"的军事管理体制的延伸。其核心原则，就是日常带兵权和临战指挥权的分离。在军事领域，过分讲究政治权谋，会对作战效率产生冲击。　如宋朝的禁军，随着时间的推移，明朝军队的战斗力也在每况愈下，以至于正统年间到嘉靖年间这一个世纪里，明军在抵御鞑靼、瓦剌和倭寇的袭扰中经常处于下风。直至16世纪后期的隆庆、万历年间才有改观。戚继光领衔的"戚家军"的涌现，是其中的典型案例。

与传统的明朝军队相比，戚继光的军队有三个特点：一是将领直接招兵，实现供需对口。二是将领直接练兵，官兵相知，训练与打仗套路相仿，便于有效指挥，号令一致。三是将领直接带兵，在战争中官兵共同工作和生活，形成命运共同体。这样的军队确实在抵御倭寇和防范鞑靼的战争中表现优异。这一点，跟岳飞的"岳家军"比较类似。后来，吴三桂统领的"关宁铁骑"之所以骁勇，成为皇太极进军关内的最后障碍，大体也是因循这个路子。

然而，戚继光训练和指挥"戚家军"的做法，会给明朝皇帝以"军权旁落"的感觉。戚继光之所以能在前线安心作战，得益于张居正等人的竭力支持。可这就导致戚继光不自觉地卷入宫廷政治。当张居正去世，改革派失势后，戚继光也被视为张居正的党羽而遭排挤。

万历十五年（1587年），戚继光郁郁而终。得知这个消息，或许万历皇帝既表示惋惜，又松了一口气。他对于军权旁落的担心并非没有道理。明朝灭亡后，南明的几个小朝廷，虽然坐拥数十万大军，但这些军队的首领左良玉、郑芝龙、孙可望等，大多各行其是，相互内耗，非但没能在抗清复明大业上帮一把，还添了不少乱。

五、严刑峻法管不住贪腐横行

作为创业者，朱元璋对自己辛苦打下的家业倍加爱惜；作为在社会底层滚过的贫民，朱元璋对任何蛀蚀朱家家底的行为都很痛恨。明朝建立之初，社会风气延续了元朝后期的堕落状态，官场贪腐、欺压百姓之事层出不穷，小规模的农民起义在各地此起彼伏。这让朱元璋忧心忡忡。于是，他将底层人民的情绪化宣泄，上升为国家行为，力求"除恶务尽"。

明朝的治贪律令是史上最严的。朱元璋亲自主持制定的《大明律例》规定，官员贪赃六十两以上，就要处以"剥皮实草"的酷刑。后来，干脆又在法外传旨："本欲除贪赃官吏，奈何朝杀而夕犯！今后犯赃者不分轻重皆诛之！"

朱元璋不光这样说，还真这样做了。《明史·刑法志二》记载："太祖开国之初，惩元季贪冒，重绳赃吏。"锦衣卫作为特务组织，所承担的一项重要职责，就是抓贪官。朱元璋发布多道诰命，教育臣子奉公守法；他发动基层民众，揭发贪官，宁可错杀一千好人，不使一个坏人漏网；他罗织了几桩大案，轰轰烈烈，声势浩大。尤其是郭桓案，"自六部左右侍郎下皆死，赃七百万，词连直省诸官吏，系死者数万人。核赃所寄借遍天下，民中人之家大抵皆破"。几乎将中等社会阶层涤荡一遍。

明朝初年的反腐浪潮，在中国历史上规模空前，对社会各领域的冲击力前所未有。然而，朱元璋的努力并未实现官员们"不能腐"和"不想腐"，充其量是慑于严刑峻法，在洪武年间"不敢腐"。为了治贪而制造的冤假错案，则加剧了另一个层面的腐败。随着全国和平状态的延续，紧绷的政治气氛逐渐松弛，社会财富的积累达到了较高水平，严刑峻法对官员们来说也渐渐是一纸空文，贪腐之风又卷土重来，愈演愈烈。

如果朱元璋有幸穿越到万历年间，他会看到官员贪腐是正常现象，类似海瑞那样的清官反倒成了异类。他处心积虑防范的阁臣们，一个个明哲保身，聚敛钱财，全然不顾国家命运。而到了明末，清军破城，官员要么临危一死，要么肉袒出降，毫无保家卫国的勇气和智慧。他一定会纳闷：自己付出那么大的代价，得到的就该是这样的情景吗？

恶果还是朱元璋自己种下的。

一方面，文官清贫到了无法言表的地步。明朝是中国历史上文官薪水最低的朝代。《明史·食货志七》记载，正四品官二十四石①，正七品官七石五斗②。如果按照购买力平价换算，副省长的月薪才三千元，县长的月薪才一千元。在今天的北京上海，这点收入，连房租都不够。

如果将明王朝统治集团视为一个集团公司，朱元璋就是董事长，包括大学士在内的各级官员，就是职业经理人。如果合法收入过低，低到无法维持有尊严的生活，而只靠四书五经里宣扬的仁义道德来笼络，谁还会对这个集团公司死心塌地，即便不跳槽，恐怕也是貌合神离。

朱元璋为官员们设计的低薪体制，融入了他对幸福生活的理

---

① 容量单位。1 石 = 100 升。
② 容量单位。1 斗 = 10 升。

解。以他在底层社会的经历，这样的薪水足以凑合着养家糊口。殊不知，那些十年寒窗考出来的读书人，想要的绝不仅仅是"凑合"。在他们的心目中，"修身齐家"或许更关键。

另一方面，贵族庄园田连阡陌，史上罕见。朱元璋对功臣们毫不客气，对自己和官员们也是极尽刻薄，但对子孙后代却出手阔绰。无论是皇庄，还是同姓王的封地，面积之大，兼并之烈，史上罕见。

弘治二年（1489年），户部尚书李敏奏报说，京畿地区的皇庄有五处，占地面积1.28万顷[①]。明武宗继位后的第一个月，就新设了七处皇庄，几年间就增加到三百多处。正德九年（1514年），皇庄占地面积扩大到3.75万顷。宫廷委派管庄太监经营管理，对租地农民残酷剥削，维系皇室的奢靡生活。

万历皇帝喜爱幼子朱常洵，在储君问题上曾打算废长立幼。由于朝臣反对，他不得不放弃。为了给这个儿子置办优渥而足以养千秋万代的家业，万历帝不惜血本，不仅将朱常洵封为福王，而且将其封到洛阳，给田两万顷，相当于现在北京五环内城区面积的两倍。如果将封在河南的藩王所占有的耕地面积相加，几乎相当于全省耕地面积的一半。

在农业社会，土地意味着财富。一面是低薪制给官员带来的困窘，一面是大片耕地归于贵胄王爷，这自然造成统治集团内部不同阶层之间的关系撕裂。于是，官员为生计和体面而操守失控，同姓王为聚敛财富、扩张地盘而欲望失控。社会财富分配的顶层设计漏

---

① 地积单位。1顷 =6.6667公顷。

洞，使明王朝这座看起来大而不倒的高楼，地基逐渐被蛀蚀。

八、明朝末年的政坛二大病灶

黄仁宇在经典历史学作品《万历十五年》里，以这个普通的年份作为切面，探讨了皇帝、阁臣、文官、将军等不同角色在万历年间的不同命运。事实上，这个切面恰恰反映了明末政坛的三大病灶。而这些病灶，在朱元璋那儿就已经埋下。

一是皇帝偏执。

或许是遗传，或许是缺教养，明朝皇帝的整体文明素质，在历朝历代算比较差的。朱姓子孙大概继承了朱元璋偏执和变态的一面，而把他勤政和有责任感的一面抛诸脑后。在明朝的皇帝里，有杀人恶魔如永乐，有蟋蟀天子如宣德，有恋母癖如成化，有"妻管严"如弘治，有玩世不恭如正德，有笃信道教和热衷青词的如嘉靖，有极度好色的如隆庆和泰昌，有经常怄气而不理朝政的如万历，有木工行家如天启，有猜忌心重的如崇祯。总之，心智健全者少，心理变态者多。

正所谓"上梁不正下梁歪"。皇帝如此不堪，官僚队伍的风气能好得了吗？

二是阁臣党争。

明朝的党争似乎从未停止过。无论是磨刀霍霍的洪武朝，还是斋醮炼丹的嘉靖朝，大臣们都以扳倒政敌为己任。没有政敌，就凑在一起，找个靶子，与人斗其乐无穷。嘉靖年间，严嵩扳倒夏言，徐阶扳倒严嵩。隆庆年间，高拱扳倒徐阶，张居正扳倒高拱。内阁首辅如走马灯般前赴后继。

党争发展到极致，就演化为东林党和阉党的斗争。

东林党貌似忧国忧民，其中也不乏沽名钓誉之人。阉党并不都是宦官，也有很多跟宦官沆瀣一气的朝臣。而他们斗争的核心大多也是政见、派别之争、出身之争。不管何党何派，都是为了小团体的利益而搏命，到头来只会令整个统治集团的裂痕越来越大。

直至明朝灭亡后，南明的几个小朝廷仍然不顾大敌当前，搞党争乐此不疲。其结果，当然是耽误大事，毁了自己。

三是宦官擅权。

除了掌管东厂、大搞特务政治，宦官擅权还有一个渠道，就是利用皇帝怠政的机会，借助司礼监秉笔太监替皇帝给奏章批红的权力，上下其手，改动内阁票拟，使内阁大权旁落，无所作为。刘瑾和魏忠贤每次奏事，专挑皇帝玩耍到兴高采烈时。这种时候，皇帝自然不愿搭理政务，而是随手交给宦官处理。如此一来，相权是被削弱了，但转到了宦官手中。清代王世贞《觚不觚录》记载："国朝文武大臣见王振而跪者十之五，见汪直而跪者十之三，见刘瑾而跪者十之八。"

三大病灶的产生，归根到底，就是缘于"不信任"。皇帝不信任阁臣也不信任自己，上下级互不信任，不同衙门互不信任，这才会有重用宦官、坐视党争、跨界掣肘的现象反复出现。明王朝就在长期的"不信任"中，一步一步地走上了不归路。

这几本书值得读一读：

1. 黄仁宇：《万历十五年》，北京：生活·读书·新知三联书店，1997年。

2. 丁易：《明代特务政治》，上海：上海书店出版社，2011年。

3. 温功义：《明代宦官》（第2版），北京：紫禁城出版社，2011年。

4. 唐博：《驿站小史》，太原：山西教育出版社，2015年。

第三章

奏折：改写政治史的纸片

漫步在北京故宫博物院，转悠完中轴线上的三大殿，到乾清门广场西边，一排不起眼的砖瓦房映入眼帘。全国各地的大多数游客，似乎都不太会逛这个地儿。即便怀着好奇心走进去的，或许一开始还以为是小卖部。可就这么一排砖瓦房，在清王朝的大部分时间里，竟成了中国历史上两千多年君相斗争的终结者。

它，就是军机处的直房。和珅、阿桂、刘统勋、张廷玉……多少军机大臣在这里度过了无数不眠之夜，造就了清代君主专制的登峰造极。

军机处为何物？明朝皇帝用尽手段做不到的事，它为什么就能做到？

话说军机处的成立初衷，只是为了取代一个萦绕清朝皇帝多年的决策机构——议政王大臣会议。因此，我们还要从这个只在清朝才有的机构说起。

一、清帝集权的头号拦路虎

大清崇德八年（1643年），皇太极猝然离世。与他的父亲努尔哈赤一样，生前没有留下遗诏，皇位归属成了悬案。按照爱新觉罗家族的规矩，需要召开贵族会议讨论。

最有希望继承皇位的，就是睿亲王多尔衮和肃亲王豪格，前者是皇太极的弟弟，后者是皇太极的长子，都是战功卓著，各有拥趸。在八旗旗主中，皇太极控制的正黄旗、镶黄旗，以及郑亲王济尔哈朗掌管的镶蓝旗支持豪格，实力比多尔衮控制的正白旗、镶白旗要大。况且按照汉族王朝"立嫡立长"的传统，作为皇太极长子的豪格也有先天优势。

有时候，关键少数的否决力也不可小觑。多尔衮和两白旗，虽然实力不如豪格，但态度坚决，就是不让豪格登基。会场顿时鸦雀无声，气氛紧张。多尔衮虽然觊觎皇位，但强行继位难度很大；豪格见多尔衮如此强硬，既没有协商余地，也担心兵戎相见缺乏胜算。

火药味十足的大殿，将清朝统治集团割裂为两派。搞不好，清朝最高决策层有可能分崩离析，从而断送皇太极图谋天下的伟业。既然互不相让，那最好就要有个妥协方案，双方都能接受。最后，还是两黄旗的大臣率先让步："先帝对我们恩重如山，如果不立先帝之子，我们宁愿以死追随先帝！"

两黄旗是八旗中权势分量最重的军政集团，一直追随皇太极左右。多尔衮和豪格，都不能将其等闲视之。两黄旗接受的底线是立皇子，多尔衮接受的底线是豪格不能继位。那么，与会贵族们就从皇太极的其他儿子中选拔接班人，从而达成了新的妥协方案：

六岁的皇九子福临继位，这就是顺治皇帝。郑亲王济尔哈朗和睿亲王多尔衮作为摄政，济尔哈朗排位在先。这样，豪格和多尔衮的部分诉求，都得到了维护。这场皇位之争才落下帷幕。

清朝定鼎北京后，无论是顺治帝，还是康熙帝、雍正帝，每每回忆起此事，都胆战心惊。沈阳皇宫里剑拔弩张的一幕，他们都不愿再次看到。而要避免这样的悲剧重演，首先就要让贵族会议七嘴八舌的局面告终，甚或是结束贵族会议的使命，实现重大事务都由皇帝一人说了算，也就是"乾纲独断"。

于是，贵族会议就成了摆在君权面前的最大障碍。清除它之前，首先要了解它。

贵族会议有个学名，就是"议政王大臣会议"。

大家知道，清王朝的立国基础，就是八旗制度。经过努尔哈赤和皇太极两代君主的经营，满族作为一个军民一体的少数民族，不光拥有建州女真、海西女真和野人女真组成的满洲八旗，还有早年投降清朝的蒙古人和汉人组成的蒙古八旗与汉军八旗，共二十四旗。他们在驻防时各有方位，互为犄角；打仗时各有防区，八面合围；分配战利品时，八家均分，然后再按战功多少依序分配。

八旗制度体现了兵民合一、责任均摊、利益均享的原则，是满族渔猎组织的延伸，具有严密的组织纪律性，在跟明军的作战中以机动灵活著称，经常可以集中优势力量，迅速占据上风。

议政王大臣会议体现了八旗制度中"责任均摊"和"利益均享"的原则。事关国家战略安全、贵族根本利益的重大机密事务，都由满洲八旗的旗主贝勒共同开会议定。各旗推举参加议政的大臣，人数也一样多。这些人包括领旗的亲王、郡王，以及旗主贝勒。

几次关键时刻，各方力量相对均衡，互有掣肘。努尔哈赤死后，就曾出现代善、阿敏、莽古尔泰和皇太极四大贝勒"南面而坐""共治天下"的局面。只是皇太极要弄权术技高一筹，另外三人政治上各有疏漏，才被逐一击破，实现皇太极"南面独坐"的局面。

跟议政王大臣会议比起来，清朝的内阁只能算是国家行政中枢，殿阁大学士只是协助皇帝处理日常事务，地位很高，但没有多少实权，也无权过问。因此，清朝前期的君相之争，这个"相"指的不是大学士，而是"议政大臣"。议政王大臣会议，才是清朝帝王加强集权的最大拦路虎。

二、四两拨千斤的最高权力转移之路

清朝前期的君相斗争，主要表现为皇帝向议政王大臣会议要实权。然而，议政大臣们，既是皇帝的长辈和亲属，又是战功卓著的老资格，要从他们手里夺权，无异于虎口拔牙。但议政王大臣会议的很多决策，跟皇帝的想法有出入，甚至背道而驰，双方互不相让，矛盾愈演愈烈。长此以往，不是个事。显然，强攻肯定不成，必须智取。从顺治朝开始，年轻的皇帝运用了诸多权谋，循序渐进，逐步削弱议政王大臣会议的权威，慢慢实现最高权力的转移，其"四步走"的收权过程体现了四两拨千斤的奇效。

第一步，增员减效。

顺治年间，议政王大臣会议的与会成员大幅增加。除了以前规定的亲王、郡王、旗主贝勒，还增加了贝子、公，以及各旗的固山额真（相当于旗的执行总指挥）。后来，连六部的满族、蒙古族尚书，诸如内大臣、侍卫之类的皇帝侍从官员，亲王、郡王和贝勒府里的长史等人，也囊括进来，成为参与议政的大臣。由于国务繁重、军情复杂，对清王朝忠心耿耿的汉军八旗重臣，比如范文程、宁完我等，也一度获准参加议政。皇宫内廷还设有议政处，作为议政王大臣会议的办公场所。

表面看来，议政王大臣会议的规模扩大，而且职权明确为军国重务，可以不经内阁票拟，直接由议政的大臣提出决策。实际上，人多嘴杂，先前那些王爷和贝勒说话的分量，自然就降低了。这样一来，议政王大臣会议的实际权力就有所衰退，地位相对下降，对皇权的威胁程度有所减轻。今天的机构改革，讲究减员增效；顺治帝对付议政王大臣会议的方法刚好相反，是增员减效。

第二步，设南书房。

顺治帝对议政王大臣会议的反感，大概出于两方面原因：一是对多尔衮的摄政心有不满，必欲除之而后快；二是议政王大臣会议汇聚大批守旧官员，反对朝廷推行汉化改革。顺治帝虽然办事随性，但毕竟不敢对满是老臣的议政王大臣会议直接开刀，只好用掺沙子的办法徐图削弱之。

可是，到了康熙年间，皇帝八岁登基，早年面对四大臣辅政局面，汉化措施几乎全被取缔。虽然康熙帝设圈套收拾了四大臣中最跋扈的权臣鳌拜，但守旧势力在朝廷依旧占据上风。康熙帝再想往议政王大臣会议里掺沙子，非但起不到继续将其弱化的效果，反而会使之决策混乱，甚至陷入多日争吵，拿不出靠谱的意见。在康熙帝心目中，议政王大臣会议犹如心病一般，投鼠忌器，难以根除。因此，他决心搁置心病，另起炉灶。

位于紫禁城乾清门西侧的南斋，曾是康熙帝的读书处。如今，因其位于乾清宫西南方向，康熙帝给它起了个别名，叫"南书房"。

这可不是一个普通的书房。

康熙十六年（1677年），侍讲学士张英、内阁中书衔高士奇奉命入直，进入南书房办差，称为"南书房行走"。由于他们都是翰林文人，因而这件事也被称为"内廷词臣直庐"。表面看来，他们是作为文学侍从，陪皇帝读书和讲学的，但实际上由于常在皇帝身边侍奉，在讲经论道、探讨文史的同时，也作为皇帝的顾问。康熙帝外出巡视时，也把他们带在身边。皇帝走到什么地方，即兴作诗、发表议论，他们都要如实记录，甚至把没写完的诗文补全。

由于总在陪王伴驾，这些文人自然对皇帝的政治喜好也比较了解。皇帝遇到重大决策，有时也会让他们谈看法，提意见。后来，他们干脆替皇帝起草谕旨，参与机要事务。这样一来，南书房的翰林们，就成了御用的机要秘书班子。有了这个好使的团队，康熙帝就把一些重要政务直接交付南书房拿主意，而不再给议政王大臣会议讨论。

能够进入南书房的大臣，都不是一般人。皇帝挑选南书房行走的标准，就是"词臣才品兼优"，而且"非崇班贵檩、上所亲信者不得入"。如此一来，南书房就成了由皇帝严密控制的核心机要机关，随时秉承皇帝指示，草拟和发布谕旨，"权势日崇"。皇帝也经由南书房，行使皇权更加直接和便捷。议政王大臣会议虽然依旧是国家最高权力机关，但它参与重大决策的机会越来越少，权力基础逐渐被南书房侵蚀而架空，只能眼巴巴看着一道道圣旨由南书房推出。

说到南书房，再补充几句另外一个书房，叫"上书房"。它位于乾清门东侧，是皇子读书的地方。虽然故事很多，但只是见证阿哥们每天起早贪黑的学习生涯，跟君相之争没什么关系。

第三步和第四步，分别是广用奏折和设军机处，这才是清朝皇帝实现君权独尊的撒手锏。然而，提到撒手锏，就必须先说曹雪芹和他的家族。

三、曹雪芹家族和请安折

2015年12月，笔者曾造访位于苏州吴江区的盛泽镇。这里丝织业非常发达，以"衣被天下"享誉全国。其实，早在明清时期，苏杭地区的棉纺织业和丝织业就闻名遐迩。传说中的资本主义萌芽，就是在这儿的丝织作坊里出现的。

百姓需要穿衣，皇室也不例外，而且品位和标准更高。于是，明朝就在北京和南京设有两京织务，在各地设立织染局，代表官府管理部分纺织作坊，按照皇宫要求织布做衣。到了清朝，这一体制延续了下来，只是织染局变成了织造府，范围也压缩到江宁、苏州和杭州三地，由负责皇宫后勤事务的内务府管辖。

不是随便哪个人都能当江宁、苏州和杭州织造的。既然是给皇室做衣服，那这些职位一定要留给内务府包衣奴才，也就是皇帝的家奴。曹寅、李煦和孙文成就分别长期担任这三个地方的织造。

这三位真不是一般人。不仅相互间盘根错节，而且各自都背景深厚。江宁织造曹寅是苏州织造李煦的妹夫，杭州织造孙文成是曹寅推荐上位的姻亲。曹寅母亲孙氏、李煦母亲文氏，都做过康熙帝乳母，而且曹寅还是康熙帝幼年伴读。这样看来，我们可以将"三处织造，视为一体"。可以说，他们仨都是康熙帝的自己人。正是由于深受信任，这三处织造府才有幸成为康熙帝南巡下榻的行宫，装潢得富丽堂皇。

曹雪芹，就是江宁织造曹寅的孙子。他的幼年时代，就是在这样的环境里度过的。

康熙帝把曹寅、李煦、孙文成等人派到苏杭，绝不仅仅是管点针线活，定期给皇上、太后量体裁衣。他们还有更重要的使命，那就是作为密探，了解当地的天气物价、社情民意、官员表现等，并通过特殊渠道奏报皇帝。因此，三处织造府表面看来是内务府的后勤机构，其实倒更像是大清版"克格勃"（情报机构）。

需要强调的是，曹寅、李煦、孙文成肩负的使命高度保密，除了皇帝，谁都不知道。皇帝需要他们了解的情况，不只限于江浙地区，还包括看到、听到的其他地区的情况。康熙帝认为，他们作为旁观者，看问题会更超脱、客观一些，奏报的情况可信度会更高。

那么，这仨人是怎样给皇帝打小报告的？靠题本吗？

当然不是。题本作为明清时期的主流公文文书，有三个无法克服的缺陷：

一是文字冗长。题本写作讲究八股文的起承转合和华丽辞藻，还要重复相关的文件全文，因而字数繁多，容易冲淡主题。明朝初年，一个叫茹太素的大臣，就给朱元璋写了一道题本，篇幅上万字。朱元璋看了一半，发现还没切入正题，一怒之下，让人把茹太素揍了一顿。隔日想起来，把这道题本看完，发现文章结尾提出的几条建议都可行，这才赶紧把茹太素找来好言宽慰。想一想，这样的题本朱元璋每天要看几百件，如果都这么啰唆，他怎么受得了！可是，如果让题本说白话、说短话，意味着要改变衙门的行文规矩，甚至是文风，这对于好不容易树立起的八股取士的文化专制导向不太有利。朱元璋放弃了。

二是内容不密。为了妥善处理废话连篇的问题，对于地方官送来的题本，皇帝计通政司和内阁作为两道过滤闸门。通政司审核格式，内阁罗列摘要和提出处理意见，写于票签上并粘在题本中，呈送皇帝。这样一来，皇帝是省事了，但这份题本也无法保密了。毕竟，在皇帝阅览之前，已经过了多道程序，好些人都看过了。许多机密大事，根本没法用题本奏报。至于部院大臣送来的题本，虽然免去了通政司一关，但也要经由内阁"票拟"，同样无法保密。

三是流转太慢。由于审核程序繁多，题本一开始就陷入了公文旅行的窘境，每道程序耽搁两三日，累加起来，就会误事。

必须创造一种新的公文文书形式，既克服题本这三个缺陷，又不要完全取代题本的功能。这种文书形式，就叫"奏折"，或称"密折"或"折子"。它只在清朝康熙年间以后才有。如果讲述其他朝代的影视剧里出现"奏折""密折"字样，那就是瞎扯。

作为奴才，曹寅、李煦等人身在江南，心必须跟皇上在一起。表现形式，就是时不时给皇上请个安。那时候没有互联网，没有电话，主奴之间的私房话，当然不想让别人了解，那就派亲信家人带一封请安的私信，送到紫禁城。这样的书信，因为折成几下，所以称为"请安折"。

康熙皇帝收到请安折，一般都会用红笔写几句批语，称为"朱批"。有时只写"朕安"，或者告知身体有恙，哪儿不舒服；有时就要多写几句，问问当地的情况，官员的表现，让曹寅、李煦等人多方打听，从速报来，但要保密。有些地方遭了灾，或者盛传流言蜚语，甚至发生民变，康熙帝寝食难安，担心朝廷发布的政策措施到地方走样，担心地方报来的情况有隐瞒，就在请安折上批示，让曹寅、李煦等人提供更客观翔实的材料。

看看康熙帝在请安折上的批示吧：

一次，李煦在请安折里奏报当地下雨、粮价和民情，康熙帝朱批道：对于当地灾情，"朕夙夜焦思，寝食不安，但有南来者，必问详细，闻尔所奏，少解宵旰之劳。秋收之后，还写奏帖奏来。凡有奏帖，万不可与人知道"。

康熙帝在李煦的另一份请安折里朱批道："朕体安。近日闻得南方有许多闲言，无中作有，议论大小事。朕无可以托人打听，尔等受恩深重，但有所闻，可以亲手书折奏闻才好。此话断不可叫人知道。若有人知，尔即招祸矣。"

还有一次，康熙帝在曹寅的请安折上朱批道："倘有疑难之事，可以密折请旨。凡奏折不可令人写，但有风声，关系匪浅。小心。"

他们共同强调了请安折奏报地方事务的最重要事项，就是保密。能自己写，就不要委托他人，更不能让他人获悉内容。

题本的三个缺陷，请安折都克服了。

然而，如果康熙帝只靠这三个织造了解国家大事，只靠请安折偷偷摸摸地搞情报，未免太不靠谱了。万一这三个人掉链子了，万一请安折报来的内容有误，该怎么办？

四、请安折变身奏折

曹寅、李煦等人，在拿到请安折上的朱批后，当然要在保密的基础上奉旨办事。清宫档案里收录了李煦承担的三类钦定任务。

第一类任务，防范桀骜不驯的江南士风。康熙四十八年（1709年），北京发生了皇太子两度被废事件，引发江南地区许多流言蜚语。康熙立即指示李煦查实。李煦按旨，暗中查访，并先后两次密奏，称王鸿绪等人在江南"乱言"惑众。这为康熙帝获悉太子党的幕后隐情提供了重要线索。

第二类任务，防范各类反清组织和事件。康熙四十七年（1708年），浙东四明山发生反清起义，康熙即令李煦"密密访问，明白奏来"。

第三类任务，监控天气变化及其由此带来的农业收成和物价波动。据《康熙朝汉文朱批奏折汇编》载，康熙四十六年（1707年）夏，李煦向康熙报告："苏州……雨泽愆期，人心未安，民间因有盗警……前因雨少，娄门外有枭米之湯若干，即高其价值，米卖一两四钱七分①一石，当被程亦贤聚众讦告，而附近居民，俱各罢市。"康熙获悉后立即指示："今岁年成不好，千万不可买人，地方之事一概不要管。近日风闻南方有私派之谣，未知实否。"

依靠这些千里之外的耳目，康熙帝得以从容运筹于宫内，再远的地方也能掌控自如。

李煦为完成上述使命而草拟的秘密文书，不能叫请安折，而是

---

① 长期以来，中国人的重量计量单位一直奉行十六进制，即一斤等于十六两，一两等于十六钱，一钱等于十六分。这是因为古代称量工具相对简陋，分十六等分比十等分容易。进入近代社会后，十进制逐渐取代十六进制。关于一两银子的购买力，在不同时期，由于白银流通量、银钱比率、粮食供应量、物价总水平等多种因素作用，呈现出较大差别。以需求水平相对稳定的大米价格计算，一两白银在明代万历年间，其购买力大约折合今天六百到八百元人民币；清代康熙年间，其购买力大约折合今天四百元人民币。

专门谈事的奏报。这就是真正意义上的奏折。

江南三织造确实是皇上的忠仆和称职的密探。《康熙朝汉文朱批奏折汇编》收录了康熙二十八年（1689年）二月到康熙六十一年（1722年）十二月的奏折共三千一百一十九件，其中，李煦、曹寅所上奏折六百一十九件，接近总数的20%。其中，直接关系织造业务的不到二十件。李煦所上的奏折有四百多件，直接涉及织造业务的，寥寥五六件而已。

光让这三人去刺探各地情况，怕是工作量太大，他们肯定忙不过来。于是，康熙帝晚年，开始把写奏折的资格授予更多亲重大臣。到了雍正年间，有资格给皇帝写奏折的大臣，已经扩大到各地的将军、总督、巡抚、布政使、按察使、提督、总兵、道员，甚至部分重要城市的知府，内阁大学士，部院尚书、侍郎、八旗都统、副都统，以及六科给事中、监察御史等。这么说吧，相当于今天中管干部以上级别的文武官员（准副部级以上），以及少数厅级干部，都获得了给皇帝写奏折的资格。这样做，不仅拓宽了皇帝了解各地各领域政情的渠道，而且所了解的政情更接近基层，更详细具体。

能写奏折的人多了，曹寅、李煦的重要性就降低了。加上他们在任期间，织造府的财政亏空严重，欠款太多，雍正继位后，就把曹家和李家给抄家了，用来抵补亏空。也就从那一刻起，曹雪芹幸福的"二代"生活结束了，日子越过越穷。或许这大起大落的生活经历，正是他写出传世名著《红楼梦》的原因之一。

需要强调的是，曹寅、李煦纵然贪财好利，生活奢华，但织造府亏空的问题，他们的确有苦难言。康熙标榜自己南巡的所有费用和物品，全部出自内帑，不取民间一丝一毫。康熙落得个不向百姓额外加税的好名声，但浩大的开销只能落在作为内务府直属单位的三织造身上。因此，康熙帝每次南巡住在织造府，貌似皇恩浩荡，实则愁坏了曹寅、李煦等人。李煦"在织造任内，无有进项，仍拆东补西，以致亏空"。既然是奴才，主子怎么理解，都只能默默承受，不容申辩。

五、清朝的奏折是个什么样

江南三织造倒台了，但奏折却成了雍正帝了解下情、控制地方的利器。雍正年间，朝廷居然在小小的奏折上大做文章，使之成为一项严密制度。

先说奏折的写作和递送。

奏折的写法，跟今天机关公文的"报告"比较类似，是叙事的政论文。秉承一事一报的原则，一份奏折里只说一件事。奏折的文风讲究通顺、准确、简洁。长句不能超过十二字，短句不能少于四字。字体要匀称、方正、整齐，不能有涂抹痕迹。一篇奏折的字数，通常也就两三千字。而奏折的尺寸，在雍正朝以前是不固定的，到了乾隆年间，才明确为十厘米宽，二十三厘米长。

雍正年间要求，奏折必须由奏事人书写，不能让旁人参与。乾隆年间逐渐放宽，可以由亲信幕僚书写，但内容必须绝对保密。写好后折起来，外包黄纸，封装在特制的小盒子（称为"折匣"）里并且锁好。这个小盒子是皇帝颁发的，只有有资格写奏折的官员才能拥有四至六个。每个小盒子有两把钥匙和一把锁。皇帝和写奏折的官员各持一把钥匙。这就确保了在奏折流转过程中的保密状态。

奏折装好后，由写奏折官员的亲信家人骑快马送往北京。路上在驿站休息，换马不换人。奏折带到北京后，直接送给乾清门广场东侧景运门的值班太监，由太监送往养心殿，呈上御览。

再说奏折的朱批和谕旨。

皇帝对奏折的朱批，也就是红笔书写的批示，一般有三种情况。如果看了以后没什么别的意见，就会批"知道了"。如果有其他意见，会在奏折上任意位置做出批示。如果预见到批示比较长，或者需要专门发布一道谕旨，就会在奏折上批示"另有旨"，然后另写一道谕旨。

无论是朱批，还是谕旨，都代表皇帝的命令，需要贯彻执行。

如果只需要写奏折的官员执行，那就把带有朱批的奏折（简称"朱批奏折"）重新装在小盒子里锁好，再由那名官员的亲信家人带走。如果需要其他部门或地方办理，也可以批给有关部门或地方，或者抄写若干份，分发给有关部门或地方。

如果另有谕旨，内容涉密，则将谕旨密封，加盖兵部火漆，迅速发走，称之为"廷寄上谕"。如果谕旨的内容不涉密，则通过内阁发抄，公开发布，称之为"明发上谕"。

无论是奏折，还是谕旨，在传递过程中都有紧急程度的区分。如果事出紧急，需要加快运送的，会在折匣或谕旨信封上做标记。常见的加急档次分为日行三百里、日行四百里、日行五百里和日行六百里。其中，日行六百里是最快速度，在当时是要把马跑死、把人颠散架的节奏。所以，一般只在打仗、突发自然灾害这样的紧急事务时使用。

最后说奏折的录副和存档。

在朱批奏折交给有关部门、地方和人员，去办理朱批要求的事项之前，要先做一份复制件存底。当时可没有复写纸或是复印机，只好让人抄录，称之为"录副奏折"。此外，为了随时了解和督办朱批的落实情况，从雍正朝开始，朝廷还推出了一种新的制度，叫朱批奏折回缴制度。朱批要求的事办完后，官员要把朱批奏折送回北京存档。于是，今天我们在中国第一历史档案馆翻阅清代宫廷档案时，就可以看到许多奏折既有原件，也有录副件，登记得很清楚，也便于检索查询。

有了这套完备的奏折制度，君臣之间便有了更为便捷、保密、单线的沟通渠道，皇帝能够更清晰准确地了解各地各部门的实际情况，而下级官员也有机会向皇帝直接陈述政情，获得指导。雍正帝曾说："本章所不能尽者，则奏折可以详陈；而朕谕旨所不能尽者，亦可于奏折中详悉批示，以定行止。"奏折成为讨论政务、决定政策的重要渠道。像乾隆帝、道光帝，分别为"米贵"和"禁烟"问题，举行过全国督抚讨论，征求意见，在一定程度上有助于决策科学和君臣之间的良性互动。我们通过奏折和朱批的内容，可以看出君臣之间既有斗智角力，也有感情交流，嬉笑怒骂皆展现无遗。这样的互动才更真实，更有趣。

在这样的互动中，皇帝通过小小的奏折，对中央各部门和各地的掌控更全面和扎实，也使得专门从事题本票拟的内阁，以及经常干预朝廷重大事务的议政王大臣会议无从插手。皇帝对相权的剥夺，以及对自身权力的强化，达到了新的高度。

可是，问题也随之而来。如此多的奏折，都要靠皇帝一个人忙活。所有的机密事务，都必须皇帝拍板、写朱批，甚至写谕旨，才能执行。皇帝忙得过来吗？以前丞相、大学士手里有点实权，起码能在皇帝受到蒙蔽导致决策失误时，有个纠错机制。如今一切全靠皇帝，万一出了差池，岂不要坏事？

雍正皇帝已经意识到这个问题的严重性。他会怎么办？

六、军机处：全新的秘书班子

雍正年间，朝廷用兵西北，战事频仍，前线军报以奏折形式，如雪片般飞入养心殿。为了处理政务，雍正皇帝经常熬到后半夜。每天批阅的奏折，少则二三十份，多则五六十份。据统计，他的睡眠时间长期不足四小时，每年只在生日休息一天。他在位十三年，写下的朱批超过一千万字。在清朝历史上，论勤政精神，雍正可谓独占鳌头。或者说，雍正就是为政治而生的，就是个"政治机器"。

国家决策大权，倒是掌握在皇帝手里了。他不说话，谁也不敢造次。可是，国家这么多大事，光靠一个人死扛，肯定吃不消。雍正七年（1729年），雍正大病一场，险些准备后事。其后，他的精神每况愈下，改革的节奏也慢了下来。然而，奏折依然一天天地压过来，哪怕有片刻懈怠，就要误事。这怎么办？

雍正必须找帮手了。他搞出了一个新的机构。由于是为应对西北军务而设置的，所以最早称为"军需房"，后来更名"军机房"，最后更名"办理军机处"，简称"军机处"。

这是一个奇怪的机构。"三有""三无"是它最显著的特征。

所谓"三有"，就是有印信，有官职，有任务。

军机处并非临时机构，而是常设部门，有官方发给的印信。为了皇帝召见方便，朝廷专门在养心殿外乾清门西边搭建了一排平房，原先是木板房，后来改为砖瓦房，称为"直房"，也就是军机处的值班房。

军机处里的人员就两类：领导和小兵。领导就是军机大臣，由皇帝根据需要，从满汉大臣中特简。他们少则四五人，多则十几人，一般都是大学士、尚书、侍郎之类的亲重大臣。也有一些地方督抚，调到北京后改任军机大臣。皇帝选拔军机大臣，一般情况下"惟用亲信，不问出身"。在军机处里，满族大臣人数占优，且排位靠前。首席军机大臣一般由满族大臣担当。小兵就是军机章京，是军机处里写材料的主力，人数更多些。戊戌变法期间，谭嗣同、杨锐、林旭、刘光第，就被光绪帝任命为军机章京。

军机处有三项重要任务。

一是面奉谕旨，书成文字，并予转发。皇帝政务繁忙，来不及书写谕旨，便把军机大臣叫到养心殿，口授谕旨。军机大臣跪下恭听和默记。军机大臣听完，退回直房，或亲笔书写成文，或说给军机章京代笔成文，斟酌无误后，送入养心殿，由皇帝圈改。如果是急事，皇帝改后，不必誊写，直接将花脸稿盖上大印，密封寄走；如果不太急，就由军机章京誊写干净，再盖印密封寄走。

因此，军机大臣一定要有好记性、好笔头，文思泉涌。汉人张廷玉之所以在雍正、乾隆两朝都能跻身满洲贵族扎堆的军机处，并名列前茅，靠的就是这个本事。

二是接受征询，参议大政，审理大狱。所谓"大政"，就是皇帝一时拿不准的机密大事，包括人事任免问题；所谓"大狱"，就是重大案件。不过，军机大臣只能给皇帝当顾问，参加讨论或提建议，不能拍板。

三是保存文件，管好档案，以便查阅。这个差事主要是由军机章京来落实。抄录朱批奏折，形成录副奏折，并按月按类存档，是一件繁复辛苦的工作。

军机处办这三类任务，可谓高效、快捷、保密。当日的工作量，"悉以本日完结"，绝不积压；军机处经手的廷寄谕旨，省却中间环节，"密且速矣"。

所谓"三无"，就是无衙署，无实权，无福利。

乾清门西边的值班房，只是军机大臣和军机章京昼夜轮流值班的集体休息室和工作间。军机处自身并没有衙署。皇帝走到哪，军机处就跟到哪。皇帝到外地巡幸，军机处就设在行宫，称为"行在军机处"。军机大臣的职位全称，分别叫"在军机大臣上行走"和"在军机大臣上学习行走"，带有很强的临时值班性质。

尽管军机大臣经常在皇帝身边伺候，可以说得上话，但正如曾担任军机章京的清代历史学家赵翼在《军机处》中所说，军机大臣"只供传述缮撰，而不能稍有赞画于其间"。这样的制度设计，就使军机大臣无法擅权，完全听命于皇帝。

虽然整日陪王伴驾，但军机大臣的福利待遇却并没有超出一般官员。由于没有品级，他们的俸禄是按照原任的官职发放的，军机大臣只能算兼差，没有俸禄。而军机章京虽然是专职，但俸禄也很少。更重要的是，他们处在国家决策的中枢地带，却没有特权，只是每天轮流值班，不分昼夜，陪着皇帝熬夜是常有的事。当然，如果表现优异，朝廷也会给予嘉奖，但更多是精神鼓励，比如可以越级佩戴更高级别官职的朝珠。

军机处的福利待遇一般，管理制度却很严。朝廷要求军机大臣和军机章京要慎重交友，不跟不相干的人往来，不管因公还是因私，都尽量放下身段，低调做人。这么做，主要是为了防止失密。雍正、乾隆年间，很多军机大臣在这方面都很自觉，尤其是对上门送礼办事的现象，一概婉言谢绝。比如张廷玉就"门无竿牍，馈礼有价值百金者辄却之"。乾隆年间首席军机大臣纳亲，虽然贵为满族亲贵，但也是"门庭峻绝，无有能干以私者"。这跟嘉庆初年首席军机大臣和珅的贪腐行径，以及清朝末代首席军机大臣奕劻靠卖官鬻爵发财的做派，形成了鲜明反差。

概括说来，军机处为皇帝起到了协助而不包办、提意见而不做决策的作用，其角色相当于皇帝的大秘书。大事都是皇帝来拍板，做到了保密、效率和权威的统一。

既然军机处这么管用，帮着皇帝把实权都攥在了手里，那么，曾在明朝中后期煊赫一时、号称"真宰相"的殿阁大学士们，还能干什么？

七、内阁还能干什么？

我们在电视剧上，经常看到皇帝上朝的场景。文武班列，三跪九叩，气氛肃穆，阵势威武。事实果真如此吗？

清朝确实有皇帝会见大臣的活动，称为"御门听政"。由于李自成兵败逃离北京后，一把火烧了紫禁城，只剩下武英殿和几座宫门尚在。清朝入关之初，国力虚弱，无力大规模重建紫禁城，只能小修小补，慢慢恢复。相比于其他宫门，乾清门规制较大，屋檐较宽，顺治和康熙就在乾清门举行日常朝会。各部院大臣分班跪奏政务，皇帝当面裁决。这就称为"御门听政"。康熙年间，如果没有特殊情况，这种朝会天天举行。后来，即便外出巡视，康熙帝也会在住所举行日常朝会，也称为"御门听政"。

常规事务处理完后，朝会散去，皇帝会留下殿阁大学士等重臣，对一些悬而未决的机密大事进行小范围密商。在这种场合，由于人数不多，皇帝会允许大家发表看法。不过，内阁的职责还是处理地方各省和中央部院的日常事务，以在题本上进行票拟的形式呈报皇帝。军机处只是把秘密工作切走了，常规工作还归内阁，而且工作量比以前大得多。

如此一来，从雍正后期开始，中央就形成了两套辅政班子——由军机处作为国家中枢，辅佐皇帝办理机密重要事务；由内阁作为行政中枢，办理繁巨的例行行政事务。大臣向皇帝奏报工作，密事大事用奏折，琐事庶务用题本。皇帝对大臣发布指示，可以用朱批，也可以用谕旨（依具体情形决定是明发谕旨还是廷寄谕旨）。内阁和军机处，虽然看起来像是在履行丞相的部分职责，但已经没有实权。一切权柄操于皇帝之手，专制皇权高度集中的政治体制，在清朝达到了空前完备的状态。

还有四类机构，需要提一提。

一是都察院。雍正年间，朝廷把六科给事中合并到都察院，这样原先承担唐代门下省封驳职能的给事中，再也没有资格跟皇帝叫板了。像魏征、海瑞这样的谏官，也就从历史舞台上消失了。他们的职权等同于都察院的监察御史，主要是监督百官。而皇帝则无人再敢监督，皇权在任何领域畅行无阻。

二是宦官组织。这个在明朝以运用特务组织而得以专权多年的职业，在清朝陷入了困境。从顺治朝开始，朝廷就立下了禁止宦官干政的祖宗家法。清朝的宦官不仅数量远少于明朝，而且职权和品级受到严格限制，除了李莲英有幸获得二品顶戴，其他宦官一律在四品以下。虽然清后期有安德海这样的宦官曾不可一世，但很快就被搞掉，没有形成专权的气候。自此，宦官就真正回归本职，作为皇家勤务人员而已。

三是南书房。军机处设立后，南书房的官员就不再参与机要事务，其地位也有所下降。然而，由于入直南书房的官员有机会面见皇帝，甚至对大臣升降有发言的机会，所以还有点影响力。因此，南书房的官员虽然职位不高，却也很受尊重，成了翰林学士们获取尊重和提拔的重要平台，一直维持到光绪二十四年（1898年）戊戌变法前后才裁撤。

四是议政王大臣会议。有了军机处和南书房，军国大事就不再找议政大臣们讨论了。于是，议政王大臣会议就成了一些不当权的满洲贵族挂虚衔、混饭吃的地方。有时候，还讨论皇帝出巡、旗务改革、少数民族事务和部分案件等，也算有些日常工作，但重要性已大不如前，渐渐失去存在的必要。乾隆五十六年（1791年）十月二十四日，乾隆帝传旨，认为议政王大臣会议已陷入"无应办之事，殊属有名无实"的境地，将其全部裁撤。

至此，相权对皇帝的威胁彻底解除。在两千多年君相斗争的历史长河中，君主笑到了最后。可是，权力集中意味着责任更重，这对皇帝的各方面素质都提出了较高要求。这种靠人治而非靠法治的专制主义体制，需要皇帝作为领头人，乾纲独断、事必躬亲，要头脑清醒、智慧过人。康熙、雍正、乾隆可以用极强的自律来催迫自己加强学习，武装头脑，勤勉为政，以免皇权旁落。但如何让接班人也能像他们那样，甚至超越他们？

清朝的皇帝们，一直在思考皇位传承的问题。这不光意味着血统的延续，更意味着事业的延续。那么，皇位该如何传承？

八、开创性的权力交接模式

传承皇位，是历代王朝的国本大事，目的在于老皇帝去世后，能够实现最高统治权的平稳交接，保持国家正常的政治秩序，避免内乱导致社会动荡。摆在清朝皇帝面前的皇位传承方式，主要有两种：

一是不立太子。努尔哈赤、皇太极生前，都没有确立皇储。他们死后，议政王大臣会议反复讨论，各方争夺激烈，几乎到了火并的边缘。这样折腾几次的话，清王朝没准哪天就会四分五裂，土崩瓦解。因此，不立太子，是一条走不通的路。

二是明立太子。这是汉族王朝的通行惯例。除殷商时代奉行"兄终弟及"机制，历代王朝多采用"嫡长子继承制"，早早就将皇后生的大儿子立为太子。康熙帝也如法炮制，早在三藩之乱期间，太子之位就已确定，那就是年仅两岁的嫡长子（皇二子）胤礽。这个孩子出生时，母亲因难产而死。康熙帝伤心之余，爱屋及乌，把对亡妻的怀念转化为对这个儿子的悉心培养，不仅派高官名儒加以辅导，而且创造机会监国锻炼，为的是让这个儿子全面发展，超越自己，具备将大清王朝的事业发扬光大的能力。

可是事与愿违。一方面，康熙帝冲龄登基，在位六十一年，胤礽做了三十多年太子，依然看不到接班的希望，萌生怨念。另一方面，随着老臣凋零，胤礽无人管束，不仅生活腐化，行为放纵，而且卷入朋党之争，甚至有谋杀父皇、提前登基的迹象，触犯了康熙帝"忠孝仁义"的底线。康熙帝失望至极，两度将其废黜，结束了太子的政治生命。

太子之位空悬后，康熙帝膝下的几个成年儿子争相拉帮结派，表现出争夺储位的架势。皇四子胤禛的继位，由于传世文献的残缺不全和前后矛盾而引发争议。雍正登基当夜，京城怪异地九门紧闭；上台伊始，内侍赵昌讯即死亡；随后几年间，功臣年羹尧、隆科多，政敌允禩、允禟先后获罪入狱。这些迹象，都使雍正继位的合法性受到坊间质疑。我们有理由怀疑雍正为掩盖继位过程中的某些细节，对相关文献资料进行了销毁和篡改。然而，由于暂时找不到直接证据，雍正继位的真相至今还是个谜。

雍正继位后，有感皇位传承的两种传统方式，都给清王朝造成了兄弟阋墙的乱象和统治集团面临分裂的险境，下决心进行全面改革。明立太子弊端诸多，不立太子更不靠谱。他将两者结合，融入奏折制度所带有的保密要素，创造性地构建了一种新的皇位传承体制——秘密立储制度。

雍正元年（1723年）八月，雍正帝召集满汉臣工到乾清宫西暖阁，当众宣布：传位谕旨已经拟好，一式两份。其中一份锁在匣中，置于乾清宫"正大光明"匾后面，另一份由皇帝本人随身携带。

这意味着告诉大家：太子已定，"国本"已明，诸位皇子就不必再抢了。太子是谁？现在保密，除了皇帝本人，谁也不知道。是不是一定要立嫡长子？答案是不一定。皇帝认为哪位皇子胜任，就把谁写进传位谕旨，而且随时有权更改。只有老皇帝死后，储位谜底才会揭晓，各位大臣也不必搞团团伙伙，押宝某位皇子了。

雍正十三年（1735年），雍正帝突然去世。军机大臣鄂尔泰、张廷玉寻出雍正帝随身携带的传位谕旨，与乾清宫"正大光明"匾后面所藏的谕旨对照，确认由皇四子宝亲王弘历继位。这就是乾隆帝。于是，弘历就成为秘密立储制度下登基的第一位皇帝。皇位传承过程平稳，没有争议，也没有后遗症。

乾隆帝继续奉行秘密立储制度，强调"不可不立储，而尤不可显立储"的道理，确定了清王朝不拘嫡长、秘密建储的皇位传承祖宗家法。这一制度一直持续到咸丰年间。

秘密立储制度是清王朝将满汉两族的政治习惯和治理经验的优点加以融合、缺点加以规避的结晶。暗中考察、择优选拔、秘密确定、身后解密的做法，有助于扩大接班人的选择面和皇家精英教育的普及，提高皇位继承人的从政素养。孟森在《清史讲义》中评价"清代多令主，最下亦不失为中主"，是有一定道理的。

更重要的是，中国历代皇位传承问题，都不仅仅是皇帝家事，以丞相（大学士）为代表的朝臣颇多参与，宦官、外戚专权时代，也有机会操弄其间。而在雍正之后，皇位传承完全是皇帝一个人说了算。从这个意义上看，在长达几千年的君相斗争中，清朝皇帝所取得的胜利，是完全无死角的。大臣连皇位传承问题也无从插手。君主专制在清朝达到了登峰造极的地步。

然而，这个看起来日臻完美的政治制度，究竟会将中国历史带向何方？在这样的政治制度下，中国的经济和社会文化将呈现怎样的状态？老百姓的日子过得怎样？

这几本书值得读一读：

1. 冯尔康：《雍正传》，北京：人民出版社，2014年。

2. 戴逸：《乾隆帝及其时代（插图本）》，北京：中国人民大学出版社，2008年。

3. 张宏杰：《饥饿的盛世：乾隆时代的得与失》，长沙：湖南人民出版社，2012年。

4. 唐博：《清案探秘：宫闱秘闻》，桂林：广西师范大学出版社，2015年。

第二专题

落日余晖看经济

"滋养地球，生命之源"是意大利2015年米兰世博会的主题，也是世博会史上首次以食物为主题。此次世博会展出来自不同国家的美食，并谋求2050年为全球多达九十亿人口解决食物需要。其实，早在18—19世纪，中国人口爆炸性增长带来的粮食压力，非但没有压垮清王朝，反倒成为康乾盛世的重要推手。那么，是什么缓解了几亿人的吃饭问题？没错，就是来自美洲的玉米、马铃薯等高产作物。

　　《松窗梦语》载："购机一张，织诸色纻币，备极精工，每一下机，人争鬻之，计获利当五之一，积两旬复增一机，后增至二十余……自是家业大饶。"《奉各宪永禁机匠叫歇碑记》载："苏城机户，类多雇人工织，机户出（资）经营，机匠计工受值。"如此场景出现在明朝中后期的江南，体现的是传统社会中的新元素——资本主义萌芽。

　　马戛尔尼使团访华行程结束，没有带回中国扩大对外开放的期待，却带回了一封乾隆帝致英国国王乔治三世的国书，其中说道："天朝物产丰盈，无所不有，原不藉外夷货物以通有无。"在西方列强比肩重商主义的改革浪潮时，中国却继续推行重农抑商政策，落实到对外贸易领域，便是一"限"了之的闭关政策。大清王朝的出气孔，只留了一个缝，那就是广州。

　　高产作物、资本主义、一口通商，构成了明清时代中国经济光怪陆离的三部乐章，演绎了六百年改变命运的交响曲。封建社会，在明清时代已到落日之时，但仍有余晖，光彩照人。只是这余晖，像昙花，转瞬即逝，留下的只有无尽的遗憾。

第四章
过日子

五百年前，坐在金銮殿上的当朝天子，是明武宗朱厚照，年号正德，称正德皇帝。这是他登基的第九个年头，人们惯用年号纪年，所以将这年称为正德九年。

朱厚照堪称明朝历史上最贪玩、最闹腾的"顽主"。有他带动，再加上商业的繁荣，整个社会抛弃了朱元璋时代的节俭之风，崇尚吃喝玩乐，而且吃的更丰富，喝的更多样。

置身那个年代，你会发现上自帝王，下到黎庶，既懂得"民以食为天"的道理——一辈子跟吃喝打交道，更晓得"三代仕宦，着衣吃饭"的说法——几代为官，首先是为稻粱谋。不过，他们更在乎吃喝的档次。正如德国的一句谚语所说："什么人吃什么东西。"吃什么喝什么，代表了什么样的社会身份。不同社会阶层的人，吃喝的档次和表现截然不同，差异巨大。

孔子说过，"食不厌精，脍不厌细"，意思是对吃喝格外讲究。五百年前的明代人，就将此发挥到了极致，既有饕餮盛宴，也有家常便饭，既有"酒逢知己千杯少"的快感，又有"一杯香茗堂前献"的荣耀。他们为中华传统饮食文化的悠久历史，添上了精彩华丽的一笔。

大家看了半天，可能都饿了。闲话少叙，我们还是梦回五百年前，看看老祖宗们都在吃些什么，喝些什么吧。

一、"吃素"的帝王家

如果来到紫禁城，有幸吃上一顿皇帝的大餐，您可能会失望。本朝开国皇帝朱元璋，每天只吃两餐，主菜是青菜豆腐。每个月只吃两次肉。即便是亲王后妃，每天荤菜的定量也只有一斤牛羊肉。

吃素的传统延续了一百多年。做得最好的当属明孝宗朱祐樘。他一年有三分之一的日子都吃素，就连给大臣赐宴也用素食。即便是不吃素的日子，也尽可能减少屠宰。

不过，大多数皇帝不喜欢这样的"苦行僧"生活。为了冲破吃素的祖宗家法，他们绞尽脑汁，想了很多歪点子：

朱祐樘的老爹，即明宪宗朱见深（成化皇帝），虽然还拿"豆腐"当主菜，但它不是黄豆做的，而是耗费近千只鸟脑做成的"烹龙炮凤"，看起来白花花的，像豆腐一般。

朱祐樘的侄子，即明世宗朱厚熜（嘉靖皇帝），热衷斋戒道场，倒是真吃素，不过这些素菜必须用荤血清汁调和，才合他的胃口。

最奇葩的还是朱祐樘的宝贝儿子，即明武宗朱厚照，根本不在乎老爹吃素那套。驴肉、狗肉和鸭肉，都曾摆上他的餐桌。除此之外，他还嗜酒如命，酒杯随身，终日烂醉，黑白颠倒，不理朝政。

虽说吃素走了样，但主食、甜点和果品，还是有模有样，种类繁多。

最常吃到的主食，当属大馒头、小馒头、花头鸳鸯饭、马牛猪羊肉饭。不过，再可口的主食也有吃腻的时候。于是，像"碾转""包儿饭""熏虫"之类的时令主食会成为新宠。"碾转"象征一年五谷新味之始，做法是取麦穗，煮熟去芒壳，再磨成条。"包儿饭"是把精肥肉、蒜、姜剁成豆状，以此拌饭，再用莴苣大叶包裹起来吃，相当于肉饭团。"熏虫"只在每年农历二月初二才能吃到，就是把和好的黍面用油煎成枣糕或摊成煎饼。

除了主食，皇帝还可以吃到一些甜点和果品。甜点，就是糕饼一类的米面食品，比如大银锭、小银锭、像生小花果子油酥、黑白饼、甘露饼、大油饼等。每年木樨花开，宫里就会用木樨花和面制饼，待到四月初八浴佛节，朝廷又会给百官赏赐一种名叫"不落夹"的糕饼。至于时令水果，每年四月，樱桃率先入宫，接着就是凤仙橘、小红梨。总之，宫里一年四季，总能吃到新鲜水果。

二、琳琅满目的百家饭

正德年间，宫廷奢靡，王公大臣、富商大贾自然耐不住清贫，想方设法满足自己的口腹之欲。宦官钱宁专权跋扈，大臣们争相巴结。有一位官员设宴款待，花费千金。大臣举办宴会，光赏赐厨师就花去几百金。要知道，各级官员的薪水很低，每年也就百八十两银子。在满足口腹之欲上大手大脚，绝对不光靠那点微薄的薪水。

奢华的另一面，是饮食的讲究。《金瓶梅词话》讲的是北宋末年的事，反映的却是正德年间的市井生活。其中的西门庆，堪称地方豪富，小说里就有这样一段描述：

先放了四碟菜果，然后又放了四碟案鲜：红邓邓的泰州鸭蛋、曲弯弯王瓜拌辽东全虾、香喷喷油炸的烧骨、秃肥肥干蒸的劈晒鸡。第二道又是四碗嗄饭：一瓯儿滤蒸的烧鸭、一瓯儿水晶膀蹄、一瓯儿白炸猪肉、一瓯儿炮炒的腰子。落后才是里外青花白地磁盘，盛着一盘红馥馥柳蒸的糟鲥鱼，馨香美味，入口而化，骨刺皆香。

这只是西门大官人的一顿普通的午餐。鸡鸭鱼肉，样样齐全，烹饪工艺多样，口感千变万化。其实，在那个年代，无论宫廷宴馔，还是豪门珍馐，都把烧鹅作为佳肴。就连市井小民也受此风气影响，除夕年夜饭里必上烧鹅。

在官衙，同僚们似乎每天都有应酬。这要归因于朱祐樘为政宽大，允许官员游宴吃酒。虽说京城的夜晚会有宵禁，但为了方便夜宴的京官酒足饭饱后安全回家，皇帝特许各家店铺用灯笼传送，让喝醉的官员也能看清路。他的儿子朱厚照虽然做事荒唐，这个传统还是继承了下来。

有数量众多的吃客，就有随处可见的饭馆菜铺、市井大集。明末北京抄手胡同华家的猪头肉，不仅在宫廷和勋戚之间闻名遐迩，而且远在关外的守边大将也禁不住美味诱惑，派人骑快马专程进京采买。前门地区的茶楼，是明末有名的酒楼，据说崇祯皇帝也曾微服到此。

宴会大快朵颐，并不意味着大家都是吃货。一些士大夫还是热衷吃得清淡、简单。正德年间的文学家顾清，有一次请状元钱福吃饭，只杀了一只鸡，买点肉、鱼而已。大臣王恕到云南做官，每天只吃一斤猪肉、两块豆腐、一把青菜而已。

酒馆鳞次栉比，也不能说明那个年代物质极大丰富。相反，多数人的生活总体还处在短缺状态。一般的庶民百姓还在为柴米油盐而奔波，忙碌到头，也不过是粗茶淡饭，聊以度日，还有更穷的，只能终日乞讨，吃残羹冷炙。

大明王朝疆域辽阔，饮食的地域差异很大。海南人爱吃虾，北方人会觉得太腥；塞北人爱吃乳酪，南方人会觉得太膻；河北人爱吃葱蒜，江南人会觉得辛辣。不过，大家有个共识："天下诸福，惟吴越口福。"换句话说，"不到长安辜负眼，不到两浙辜负口"，说的是明代的吴越两地堪称天下美食荟萃之所。这里的"吴"就是苏州地区，"越"就是杭州地区。

其实，吴越两地虽然同属江南，但饮食风俗差异很大。吴地奢侈，越地俭朴；吴地花样翻新，越地朴实无华；吴地引领饮食潮流，越地但求跟风而已。那么，吴越两地又有哪些好吃的菜品？明代文人余怀开了个菜单，很有代表性：

用惠泉水泼峒山庙后茶，烧兰溪猪，煮太仓笋，吃松江米饭。

"后茶"就是芥片，兰溪猪是金华火腿的原料。细心观察可以发现，这几种代表性的吃法，包括水泼、火烧、水煮，口味肯定都是清淡的。没错，这就是吴越作为"天下口福"的独特口味。北方菜爱用佐料，气味辛浓，色香味俱全，唯独掩盖了食材本来的味道。而吴越菜主打清淡，使原味更突出，制作更细腻。

到了冬天，北方昼短夜长，一天往往只吃两顿。而在明代江南人家看来，这么吃就有点偷懒省事了。吴越地区的做法，就是坚持一日三餐，再加上上午和下午的两顿点心。即便是工匠、用人，也如此这般。进食次数的增加，意味着终日饱食，干活就没了偷懒的借口。

三、美酒佳酿，精茗蕴香

正德年间，京城开了家茶坊。生意兴隆，宾客云集，赚了不少钱。很多人发现这是个商机，便群起相仿。没多久就冒出五十多家茶坊，里面莺歌燕舞，跟酒馆没什么两样。

其实，明代中叶的茶楼酒馆，虽说星罗棋布，但更多是在水陆码头、繁华市区和名胜古迹扎堆开张，逐渐形成一条条饮食街。南京秦淮河畔，就有"酒馆十三四处，茶坊十七八家"。扬州的酒楼"门迎水面，阁压波心"，风景旖旎，生意红火。有文人盛赞美酒茗茶汇聚，实乃"盛铺玉馔，游鱼知味也成龙；满贮琼浆，过鸟闻香先化凤"。在酒精和茶香的刺激下，全社会享受着饮食带来的人生快乐。

说到酒馆茶坊，不得不提及它们的招牌——酒和茶。其中不仅蕴含着深邃的传统文化，而且体现了独特的艺术造诣。

明代官府对酿酒没有管制，完全放开。酒形同人们的日用必需品，酿酒作坊和烧锅遍及城乡，饮酒之风盛行。

进入16世纪，人们可以喝到谷酒、果酒、花草酒和动物酒。谷酒就是粮食酒。有以粟米、高粱为原料，比如黄酒和金华酒，经过高温蒸馏成为烧酒；有以豆类为原料，比如绿豆和薏仁入曲，造出豆酒和薏酒。果酒是用各种瓜果为原料酿造，度数较低，果味较浓，一般作为餐后饮料和平时消遣之用。花草酒以成品酒配合糖分、芳香草料或中草药混合制成，比如菊花酒和竹叶青酒。动物酒则以肉类来酿酒，比如羊羔酒，就是用羊羔肉酿造而成。

虽说"无酒不成席"，但在酒席上也要讲习俗。人们饮酒讲究环境，极力追求良辰、美景、歌舞助兴。品美酒佳酿，赏妙韵雅调，在轻歌曼舞间，得到美的享受。除此之外，饮酒少不了热闹的气氛，松江（今上海）地区在明代经济发达，人们宴饮时总喜欢游戏助兴，比如掷骰子、投壶、猜枚等。

饮酒也留下了许多习俗。有些人本来有酒量，却刻意不喝酒，但禁不住主人盛情相劝，勉强开喝，结果一发不可收拾，越喝越上瘾，甚至无须主人劝酒，自己主动开怀畅饮，这样的习俗被称为"下坡酒"。有些人喝酒很豪爽，不分酒的好坏，都是一饮而尽，再将酒杯朝下，示意喝干了，简称"干"。"干杯"的说法是不是起源于此，我也不清楚。

最后，再说说茶。中国人对茶道的讲究由来已久。唐宋之时，饮茶已由单纯的满足口福，逐渐演变为一种追求天人之乐和审美情趣的精神爱好。研末煎饮的"点茶"法满足了这样的细腻感受。然而，"点茶"对茶叶制作和茶水冲饮要求较高，无法保证随冲随饮，脱离百姓需求，有点不接地气。明代以后，在朱元璋的推动下，研末煎饮变成了沸水冲泡，饮茶程序更简便，很快就成了中国人喝茶的主要方式而延续至今。

明代人饮茶，刻意追求天然茶香。无论是文人墨客，还是寻常百姓，都对炒青叶茶情有独钟。将初摘的生茶在火上翻炒，称之为

"炒青"。炒青茶和花茶遂成为明代饮用茶的主要类型。不过，身份不同，饮茶习惯的差异明显。上流社会和文人阶层崇尚"天然意趣"，讲求真水与品茶的和谐统一，强调"精茗蕴香，借水而发，无水不可与论茶也"，追寻心醉神融的精神境界。而市井百姓则在茶水里放入干鲜果品调味，他们的茶水更像是茶、果、花、豆等的大杂烩，茶叶本身只是一种点缀。

四、从没见过的新食物

生活在明代中后期，是极有口福的。除吃了几千年的传统饮食外，偶尔还能吃到一些前人没吃过的食品，比如玉米、花生、番茄、番薯、辣椒。如果再过一百年，菠萝、番荔枝也摆上了人们的餐桌。许多烟民离不开的卷烟，其主要原料烟草也在那个时候登陆东土。而它们的原产地，就是大洋彼岸的美洲。

这些作物传入中国的路径，一般有三条：一是从印度、缅甸传入云南，二是从中亚循丝绸之路经河西走廊传入中原，三是经海路传入中国东南沿海地区。其中，第三条路径传入量最大，影响也最深远。

我们就拿土豆为例，讲讲这些新作物的大洋旅行。

土豆，又叫马铃薯。时至今日，已经是物美价廉、家喻户晓的餐桌常客。它跟玉米、花生一样，来自万里之外的拉丁美洲。在辽阔壮丽的安第斯山区，土豆是印第安人的主要食品。那么，土豆是怎样来到中国的？

15世纪，一群白皮肤、蓝眼睛、黄头发的外乡人来到拉美大陆。

他们是西班牙人，来自大西洋另一端的欧洲。他们开辟了新航路，发现了这片新大陆。随后，他们在海上横行无忌，成为霸主，逐渐将生于斯长于斯的印第安人赶走，占领了这片土地，将其变为他们称霸全球的殖民地。接着，他们沿着麦哲伦开辟的环球航线来到南洋地区（今东南亚），占领了吕宋（今菲律宾），以此作为跟中国做生意的跳板。就这样，西班牙开辟了从墨西哥经吕宋到达中国东南沿海的海上航线。

唐宋时期，中国传统的海上贸易伙伴是南洋诸国。到了明朝，贸易对象虽然还是这些国家，但由于它们相继沦为殖民地，真正的贸易对象变成了欧洲列强。这是一个新局面。可是，明朝皇帝并不清楚状况。南洋各国的"朝贡方物"依旧源源不断地送往北京，这里面就有土豆。当然，此时送到中国的土豆，只是皇家独享的贡品，没有推向民间。

明朝面临的海外形势，较之前朝更加凶险。海盗猖獗、倭寇滋扰，使保守的官府决心执行海禁政策，关闭合法的海外通商渠道。这一局面直到1567年才改变。这一年，福建漳州海澄的月港开放"洋市"，面对欧洲列强开展贸易。海禁正式解除。

月港地近吕宋，是海上丝绸之路的始发港之一。明末的海上丝绸之路，既有南洋航线，又有东洋航线。前者从漳州、泉州、广州通往东南亚各国，后者从宁波、福州等地通往日本。我们现在讲的"一带一路"，就离不开对这些海港城市的追根溯源。

南洋航线非常热闹。从月港出发前往吕宋做买卖的漳州人、泉州人，数以万计。《徐中丞奏疏》中记载："行货转贩，外通各洋，市易诸夷……亦由我压冬之民教其耕艺，治其城舍。"这些勇敢的漳州人、泉州人，克服风高浪急的恶劣海况，乘着季风往返于福建和吕宋之间，甚至在吕宋建房暂居，垦荒耕作。沿着吕宋到福建的海上航线，他们把从美洲传到吕宋的土特产带回来，不光有土豆，还有番薯、花生、烟草等，引入内地，落地生根。

正德年间，这些作物的种植地域还只限于西南山区和东南沿海。即便是偶尔尝尝，也不那么容易。不过，人们很快发现，这些其貌不扬的新食品，种植方便，成活率高，产量较大，尤其在土地贫瘠的北方种植，对于缓解干旱少雨、青黄不接等因气候和季节条件带来的饥荒，减少死于饥荒的人数，具有重要意义。《植物名实图考》就说，像土豆这样的外来作物，"疗饥救荒，贫民之储"，"农民之食，全恃此矣"。

以收复台湾闻名的郑成功，在明朝末年东南沿海的影响力不是突然生出的，而是有基础的。这个基础，就是他的父亲郑芝龙打下的。在明朝末年的南洋航线上，郑芝龙是那批弄潮儿里的佼佼者。经过多年打拼，他麾下形成了一支规模庞大的商船队。后来，郑芝龙接受招安，不仅成为福建最大的地方实力派，而且垄断了台湾海峡的海上贸易。1624年，荷兰人窃据台湾，为了打开贸易局面，他们积极讨好郑氏集团。荷兰人把土豆从南洋引入台湾，又通过跟郑氏集团的贸易传入大陆。由于荷兰在南洋地区的殖民地主要在爪哇（今印尼爪哇岛），土豆就又多了个新名字：爪哇薯。

到了清代，土豆不再成为皇室的禁脔，逐渐摆上百姓餐桌。玉米、番薯、花生的种植面积持续扩大，几乎遍及全国。土豆也随着农民的迁徙流动而进入中国北方。

美洲作物的耐旱性和高产量，使青黄不接时节的人们熬过饥荒，挽回性命，繁衍后代，养活了几亿中国人，推动了中国人口的持续增长。正德年间，明朝的人口还不到一亿；三百年后竟然突破四亿，奠定了今天中国的人口规模。可以说，以土豆为代表的美洲高产作物，确实是实现康乾盛世的功臣。人类对马铃薯的发现与利用，可以称为历史上一件划时代的大事。恩格斯把土豆的出现同人类使用铁器并重："……铁已在为人类服务，它是历史上超过革命作用的各种原料中最后和最重要的一种原料，所谓最后的，是指马铃薯的出现为止。"

当然，这些食物大行其道，也从另一个侧面说明，其实多数中国人的餐桌上，还是食物匮乏。贫困和饥饿，依旧是那个年代中国人的梦魇。所谓"盛世"，徒有其表。

如今，土豆在全球的种植面积长期保持在三亿亩，而且主要分布在欧亚两洲，而非大洋彼岸的美洲。在中国，土豆依旧是高产作物，不光点缀着百姓餐桌，而且重回大洋，走进深海，成为远洋客轮和海军舰艇的餐厅里不可或缺的美味佳肴。

五、中国人为什么会多起来（上）：徒有虚名的"黄册"

在清朝以前，中国官方统计的人口数据，似乎6000万是个大槛，很难突破。然而，清朝乾隆六年（1741年），朝廷进行了一次全国性人口普查，竟然统计到1.43亿人口，着实把刚到而立之年的乾隆帝吓了一跳。这还没完，到乾隆五十五年（1790年），中国人口达到3.01亿，半个世纪翻了一倍。又过了半个世纪，到道光二十年（1840年），中国人口一举突破4亿大关。几乎是每五十年上一个台阶。以这个数字论，在当今世界也名列前三。换句话说，清朝奠定了中国今天世界第一人口规模的原始基数。

有人会问：中国人口为什么会突然多起来？

前面我们说的高产作物，是个很重要的原因。它使得全社会的人口非正常死亡率（主要是灾荒年饿死的人口比例）在康乾盛世及其以后的一段时间里大幅下降。生育观念的变化、统计手段的差异，以及和平稳定的社会环境，也是全国人口持续增长的动因。这里我们要重点探讨的，是一个时髦的词，叫"顶层设计"。看看制度层面的因素，对于人口增长的作用。

历代王朝，都担心人口四处流动，会聚集惹事，威胁朝廷统治。因此，统治者通常从政治角度出发，限制人口流动，希望把人口固着在本乡本土。这就是历代君王热衷"重农抑商"政策的缘由。毕竟，商业需要生产要素的流动，有流动才有发财致富的机会，种地则只要人地合一，哪都别去。于是，朝廷管理人口，通常有两种做法：一是用户籍登记和基层保甲，管住人口的流向；二是收人头税，管住人丁的数量。

玄武湖，南京最有名的景点，天天游人如织。然而，就在六百多年前，这里是禁区，将士列队，戒备森严，就是要保卫湖心岛上的"黄册库"。这里存放着明王朝全国的户口本底册，由于封面的纸张是黄色，故而简称"黄册"。这是明王朝社会一切制度的根基。

按照明朝的规矩，全国人民一律编入黄册，分为民户、军户和匠户三类。每户都要详细登载姓名、年龄、籍贯、住址、田宅、资产、职业，以及家庭成员的姓名、性别、年龄等。所有内容必须户主本人如实填写，隐瞒户口、弄虚作假，都要处死。

黄册一式四份，百姓个人是没资格留存的，要分别存在中央的户部、省级的布政司、府、县四级衙门。黄册的作用有二：一是据此征收赋税、发派徭役；二是防止百姓改名换姓，随意迁徙，逃离本籍。为了把人口束缚在本乡本土，朱元璋发明了"路引"，也就是通行证。军民人等出行超过百里，如果没有路引，一旦被抓扣，就会严加治罪。而有资格开具路引的单位，只有官府。

户籍登记这件事，如果全凭自觉，难免有偷奸耍滑的现象；想出远门的人，大概也会有嫌麻烦或者抱着不可告人的目的，不愿到官府开具路引的情况。如果让官府事无巨细地管到基层，恐怕知州知县也管不过来。朱元璋的经验是，基层的事，还得靠基层管。洪武十四年（1381年），朝廷下令在全国范围内推行里甲制度，将乡村社会原有的基层组织整合、囊括起来。这是黄册制度得以贯彻执行的社会基础。

按照朱元璋的设计，每一百一十户编为一里，由出丁和纳粮最多的十户，以十年为期，轮流担任里长，"管摄一里之事"，每人任期一年。其他一百户则称为"甲首"。每年由一名里长率领十名甲首去给官府当差服役。

里甲制度其实并非朱元璋的首创。早在春秋时期，管仲已在《管子·立政》里设计了用"里甲"来对穷乡僻壤构建管理网的思路。其内容是：五户为一伍，设伍长一人；五伍为一里，设里长一人。朱元璋将里甲制度运用到基层社会，其被赋予的行政功能非常强大，包括日常的治安管理、赋税征收，乃至战争时期的征兵和军事动员。里甲内部还有相互监督的责任。不过，这些功能和责任的发挥，浸透着地缘和血缘的各种社会关系。正所谓"凡编排里长，务不出本都",以便形成相对封闭而有很强集体认同的合作社区,从而实现朝廷对基层社会的一元化控制格局。

如果说黄册是人口登记簿,那么鱼鳞图册就是土地登记簿。由于其中绘制的土地山川图像,形似鱼鳞,故而得名。朝廷将此作为征收农业税的主要依据。

说到税收,对于明朝的农民来说,有两种税是跑不掉的。一是田赋,也就是农业税,按照鱼鳞图册上登记的土地面积、肥瘠、作物种类等征收;二是丁税,也就是成年男性的人头税,按人征收。官府用这两种税收,实现了对土地和人口这两类要素的控制。

朱元璋想把他治理下的国家变成一个静稳状态的大兵营。然而,这只是他乌托邦式的构想,跟社会生活的实际是脱节的。他在位时,人口和土地登记管得严,一切都还井井有条。他一死,继任的皇帝对这两方面的重视程度就下降了。尤其是皇庄的大量涌现,以及权贵地主的土地兼并,使得人口和土地登记都不能太认真。

于是,十年一登记的规定成了空文,很多人的年龄一直定格在最后一次登记的数字,数十年上百年未曾修订,在黄册上变成了"长寿者",甚至"死而复生"。按照《明会典》的记载,官方登记的人口和土地数量呈现下滑态势。

鱼鳞图册上登记的土地数量一再下滑。洪武二十六年(1393年),全国人口6054万,核查耕地850万顷。到弘治十五年(1502年),只剩下5328万人口和422万顷耕地。百年间,耕地几乎少了一半。这并非经济衰退的表象,而是官府对基层的人口和土地管理开始失控。

明朝灭亡后,南明的弘光小朝廷面临清兵进迫的险境。他们突然想起玄武湖的黄册库。打开一看，许多黄册已被虫蛀，发霉变质，说明明代中叶以后，很多黄册在纸张使用上已有偷工减料的情况。即便如此，弘光君臣还是兴冲冲地把这些尘封多年的文献拿出来，不是搞研究，也不是编书目，而是用作制造火药和铠甲的原料。遗憾的是，黄册连这点残值也未能保住。弘光小朝廷还是在八旗劲旅摧枯拉朽的冲击下迅速败亡。

六、中国人为什么会多起来（下）：税制改革激活人口统计

中国是一个善于因势利导的国度。明清两朝的最高统治者，面对与前代有着明显差异的内外形势，还是会勇敢地迈出改革步伐的。

万历初年，大学士张居正推行的"一条鞭法"，就是针对黄册和鱼鳞图册登记不实，国家对人口和土地掌控失效的现实情况而做出的重大经济改革。它的核心思想是"总括一县之赋役，量地计丁，一概征银，官为分解，雇役应付"。通俗地讲，就是把所有的田赋、徭役和其他杂税合并征收，折成银两，按亩收缴。这体现了三方面的进步：

一是合并征税。简化了征税手续，降低了征税成本。同时，由官府派人征收和解运，避免了以往中间环节的克扣与舞弊。

二是折成银两。赋税徭役货币化，不再对男丁服役做出硬性规定，而是用收来的银两购买徭役服务，这样也就不需要每个人都固定在本乡本土，等着官府召唤去服役，只要把钱交了，爱去哪去哪。

官府实际上放松了对人口流动的管控。

三是按亩收缴。富者多交，穷者少交，征收规定更加公平。只针对不动产征税，而不再专门针对可能处在移动状态中的人征税，征缴率也会大大提高。当然，要做到按亩收缴，张居正还做了一件事，就是清丈土地，把那些先前隐瞒的耕地重新纳入国家的征税视野。万历六年（1578年），全国核定耕地701万顷，虽然比不上洪武年间，但比弘治年间还是多出不少。

一条鞭法在张居正死后被推翻，但折成银两的征税方法还是延续了下来。到了清朝康熙、雍正年间，一条鞭法的思路得到了继承和发展。

据《清文献通考》记载，康熙五十一年（1712年）二月二十九日，朝廷发布了一道谕旨，宣布："今海宇承平已久，户口日繁，若按见在人丁加征钱粮实有不可，人丁虽增，地亩并未加广。应令直省督抚，将见今钱粮册内有名丁数，勿增勿减，永为定额。"四月四日，康熙帝向全国明确，以康熙五十年（1711年）全国的丁银数额作为永久的丁银征收定额，今后无论增添多少新丁，都不再多征。康熙这个做法，简称"滋生人丁，永不加赋"。

我们知道，康熙帝号称"千古一帝"，不仅在位时间长达六十一年，而且开启了康乾盛世的序幕。然而，具体到这件事，绝非老人家躺在功劳簿上的异想天开，而是他正视现实的必然选择，或者说是无奈之举。

自从黄册制度形同虚设以后，明清两朝的官府从来就没查清楚全国到底有多少人丁（成年男子），更别说查清楚人口了。尽管康熙中叶以后，虽然三藩之乱的平定，中原地区再无战事，人口繁衍，增长很快，但大多不入户籍，国家也就无从了解和管控。康熙帝索性做个顺水人情，把丁银（人头税）总额固定下来。这样，既确保了这部分税收不再流失，又化解了人口统计不实给征税带来的不便。这也意味着，朝廷对新增人丁已经彻底放弃管控。

丁银的固定，只是计税额度上的变化，但对于基层官府的征收，操作上仍有难度。毕竟，人头税还是要收够相应的额度。于是，雍正年间，朝廷推行了一项名曰"摊丁入地"的改革。[①] 就是将丁银总额摊入地税总额，分散到具体的耕地中，合并征收，称之为"地丁银"。征税对象变成了土地，而与人丁无关。由于土地是固定资产，无法带走，也便于清查丈量，因而实现了比一条鞭法更好的效果。

至此，中国结束了按人丁和土地双重对象征收赋税的历史，税收合并为地丁银，也就是土地税，在办税便捷的同时，更加凸显富人多纳税、穷人少纳税的公平原则。以前，隐瞒户口还有逃避丁银的目的，以后就再无必要，从而纷纷出来申报户籍，以摆脱"黑户"处境，享受户籍带来的其他福利。这不仅使国家税收有了保障，而且人口统计也更加趋近真实。如此一来，人丁编审便没了必要，到乾隆年间就废除了。

没了人头税的压力，加上和平年代经济条件相对稳定，至少可以吃饱饭，美洲作物给旱灾频仍的北方提供了青黄不接阶段的充

---

① 在传统教材里，这项改革措施又被称为"摊丁入亩"，该说法不准确。"摊丁入地"，是将丁银摊入地税中合并征收，而并非按亩摊入。因为清代在征收地税时，除了考虑面积，还要考虑土地肥瘠程度。因此，这项措施称"摊丁入地"更加准确。这里的"地"主要是指地税。

饥食物。这就使得人们的生育意愿增强，加之申报户籍的积极性提高，登记到朝廷户口簿上的人口数量，自然实现了飞跃。当然，这仅仅是促进清代人口爆炸的因素之一。

七、蹙额兴叹的人口问题

有人的地方，就有江湖。人多的地方，江湖的水就会很深。

这个问题，嘉庆年间的翰林院编修洪亮吉注意到了。这个被称为"中国的马尔萨斯"的思想先驱，在他的《治平篇》里，是怎样阐发他的人口理念的呢？

他先说："治平至百余年，可谓久矣。然言其户口，则视三十年以前增五倍焉，视六十年以前增十倍焉，视百年、百数十年以前不啻增二十倍焉。"也就是说，百年间，中国人口增长了二十倍。

洪亮吉引用的，是康熙五十年（1711年）二千四百多万人丁的统计数据，跟嘉庆年间全国人口超过三亿，直奔四亿的现状作对比。注意，康熙五十年统计的是成年男子，并非全部人口。如果按照一家至少出一个男丁来算，当时的全国人口应该在一亿左右。这样看来，增幅不过四倍。

接着，洪亮吉讲"高、曾之时……以二人居屋十间，食田一顷，宽然有余矣"，到子孙后代之时，变成"以二十余人而居屋十间，食田一顷，即量腹而食，度足而居，吾以知其必不敷矣"。他以一家一户计算，假定耕地面积不变，人口增长二十倍，必然导致人均耕地面积减少，生活质量降低。其实，清前期的耕地一直在扩张，官府不将新开垦的零星土地纳入统计，不予征税，使得全国实际耕地数量有可能超过十亿亩，比明朝洪武年间增长了20%，比顺治年间更是实现了翻倍。

最后，他强调，"治平之久，天地不能不生人，而天地之所以养人者，原不过此数也"。如果超出大自然的承载上限，就会出现原本供奉一人消费的饮食和居住条件，现在要上百人来分享的尴尬局面。

洪亮吉对人满为患的切身感受，皇帝也有察觉。据《清圣祖实录》记载，早在18世纪初，也就是"滋生人丁，永不加赋"改革前夕，康熙帝就表达了对人口问题的忧虑："本朝自统一区宇以来，于今六十七八年矣，百姓俱享太平，生育日以繁庶，户口虽增，而土田并无所增，分一人之产供数家之用，其谋生焉能给足？……不可不为筹之也。"随后，他对大臣们提出了"户口殷繁固是美事，然当预筹安养之策"的要求。可是，当时几乎没人把这话当回事。

雍正继位后，延续康熙帝的担心，对人口问题提出了自己的看法："国家承平日久，生齿殷繁，地土所出，仅可赡给，偶遇荒歉，民食为艰。将来户口日滋，何以为业？"乾隆上台后，也强调："惟是国家承平日久，生齿日繁，在京八旗及各省人民，滋生繁衍，而地不加广，此民用所以难充，民产所以难制也。"

皇帝们虽然一直在操心，但只提出问题，而把解决问题的重任甩给了大臣们。以当时文武官员的知识结构，当然无法全面解释人口增长的内外动因及其后果，也提不出缓解人口问题的长效之策。整个清王朝，只能通过开垦荒地、蠲免钱粮、加强教化等手段，来解决这么多人的吃饭问题，也就是所谓"养民"。然而，这些做法都只能治标，且效果不彰。

用今天的眼光看，解决人口问题，要在"供给侧"上做文章。一方面，推行节育理念和节育工具，降低生育率；另一方面，将过剩人口向相对空旷的区域迁移，平衡人口布局。

根据清朝的专家统计，经济相对发达的苏杭地区，人口出生率低于全国平均值，而经济欠发达的中原和西部地区，人口增幅较大，在带动人口膨胀的同时，也让闹饥荒的危险陡然加大。清朝对东北等边疆地区实施全面封禁，禁止移民垦殖。这两条路，都没能走得通。

就在内地官民为人多而苦恼之际，东南沿海有相当一批商人，在做海外生意的同时，对移民国外有了模糊的向往。这或许也是疏解过剩人口的有效渠道。但他们能成功吗？

这几本书值得读一读：

1. 栾成显：《明代黄册研究》，北京：中国社会科学出版社，1998年。

2. [美] 何炳棣：《明初以降人口及其相关问题：1365—1953》，葛剑雄译，北京：生活·读书·新知三联书店，2000年。

3. 陈江：《明代中后期的江南社会与社会生活》，上海：上海社会科学院出版社，2006年。

4. 何平：《清代赋税政策研究：1644—1840年》，北京：故宫出版社，2012年。

第五章
面向海洋

2002年，一本名叫《1421：中国发现世界》的历史书风靡全球，而其作者加文·孟席斯只是一名退役的英国海军军官。

究竟是什么力量，让孟席斯和这本书有如此大的魔力？

在他笔下，郑和船队不仅阵容庞大、战舰宏伟，而且做出了人类历史的四项壮举。一是最早发现美洲大陆，比哥伦布早七十年；二是最早完成环球航行，比麦哲伦早一百年；三是最早发现澳洲和南极洲，比库克船长早三百五十年；四是最早完成经度测量，比欧洲人早三百年。

在他笔下，郑和船队似乎成了"环球播种机"，足迹遍布世界各地。他们在中美洲寻访玛雅文明，在加勒比地区跟土著斗殴，在佛得角竖立石碑，在格陵兰岛和安第斯山脉打猎，在澳洲建天文台，在昆士兰开金矿，在南极洲办祭祀……

在他笔下，郑和船队似乎成了世界人民的"革命导师"——教加利福尼亚人民种大米，教墨西哥人民做漆器，教南美人民养鸡，教因纽特人炼铜，把印第安人种玉米的技术教给菲律宾人民……

在追求中国和平崛起、振奋同胞爱国热忱的年代里，这样的研究结论出自一个洋人之手，自然深得人心。然而，事实真相确实如此吗？明清两朝的外部世界，究竟是什么样的？在封建社会晚期的落日余晖下，中国的对外贸易，又有哪些值得一提的内容？

一、一个洋人眼中的"郑和下西洋"

1937年，孟席斯生于中国，这让他对这片神奇的东方土地产生了浓郁兴趣。长期以来，他在远东地区服役，执行过全球航行访问任务，从而痴迷于郑和船队的壮举。他发烧友般地追求了十四年，用不少天文导航、航海知识、古代地图、断简残篇，以及自然的、人文的、技术的、历史的材料支撑他的新观点。不过，他毕竟不是历史学科班出身，专业研究眼光、意识和方法欠缺，导致他的结论光怪陆离。且看一二：

在《1421：中国发现世界》里，黄河入海口被标注到了渤海湾。这当然是错的。大家要记住，北宋灭亡后，东京留守杜充为阻挡金兵南下，决黄河堤坝淹没东京开封附近地区。其后几百年，黄河下游在开封附近多次决口，导致黄河河道"夺淮入海"，出海口应在苏北。直至清咸丰五年（1855年）铜瓦厢改道，黄河下游的河道才告别淮河，重新取道山东，注入渤海湾。

众所周知，郑和人称"三宝(保)太监"。关于"三宝"或"三保"的来历，历史上有很多说法。最通俗的说法是，郑和原名"马和"，小名"三保"，民间叫顺嘴了，干脆以讹传讹，直呼其"三宝"。也有套用"无事不登三宝殿"的说法，讲明成祖因此帮他改名"郑和"。而"三件宝物"之说讲得有眉有眼的则是清代学者褚人获《坚瓠七集》卷一"三保太监"条引《碣石剩谈》：

三宝太监者，云南人也。相传下海时，一人忽癞，乃弃于岸侧。其人夜见人蛇下岸饮水，恐为所伤，削竹置所经处，蛇腹裂死。因饥，斫树为柴，烹蛇而食，其柴每烟起，则九鹭飞翔，遂藏之不焚，癞亦因食蛇愈。蛇溃，得珠数斛，中有夜明珠。后太监回，其人呼与其载。乃献夜明珠、九鹭香，并太监所得一宝，共为三宝云。

以上几种说法还算能自圆其说，而孟席斯在《1421：中国发现世界》里的解读就很奇葩了：

宦官们再次成为一股政治力量。大宦官郑和服侍皇帝有功，是所有宦官中最有势力的。在他白丝外衣的褙子里有一个珠宝盒，内含他断掉的阴茎和皱缩的睾丸残物，为此他有一个绰号叫三宝，即"有着三个宝物的宦官"。盒子里装着他的宝——男性的宝物，此物将跟随他到另一个世界去，在那儿他可以再次成为一个完整的男人。但在今生，他宣誓服务于并完全听命于他的主人——第三代大明天子皇帝朱棣。

中国古代的宦官，似乎都有这样的珠宝盒，也都有到另一个世界重新做健全男人的梦想。然而，除了郑和，好像没有哪个宦官因此被称为"三宝太监"吧？孟席斯显然对他拿到的文献资料一知半解，在故事的叙述中带上演义的成分。不过，这样的奇葩解读，并不影响他的书一经推出就快速流向市场，他本人也从退役军人、远洋发烧友摇身一变，成了畅销书作家。

二、中国人远航的肇始与绝唱

郑和下西洋的真相到底是什么？

根据历史学家的考证，大概有三个要点值得关注：

第一个要点，这是一次政治壮举。郑和船队下西洋的目的，主要有两条：

一是"宣德化而柔远人"。这是中原王朝一贯以来"怀柔远人"的边疆治理政策，是对外政策的延伸。要营造万邦来朝的盛世景象，一方面为"篡权夺位"的明成祖朱棣巩固统治、彰显执政合法性而"背书"；另一方面要把朱棣的治国理念推广到全世界，使朱棣成为天下共主。据《明史·外国传七》载，朱棣如此说："朕君临天下，抚治华夷，一视同仁，无间彼此。推古圣帝明王之道，以合乎天地之心，远邦异域，咸使各得其所，闻风向化者，争恐后也。"

二是寻访在应天城破后失踪的建文皇帝。《明史·郑和传》记载："成祖疑惠帝亡海外，欲踪迹之。"朱棣对此非常重视，他很担心自己这个侄子有朝一日会从海外杀回来，必须活要见人，死要见尸，心里才踏实。

可以说，郑和下西洋是一次赤裸裸的政治行动，政治用意而非经济诉求占据上风。因此，郑和船队与其说是一支和平使团，倒不如说是一支全副武装的强大舰队，既要耀武扬威，又要替主子追仇人。这是跟哥伦布、麦哲伦的远洋航行最大的不同。

第二个要点，郑和下西洋的效果超出预期。

郑和下西洋达到了四个效果：

一是宣扬国威，万邦来朝。郑和七次下西洋，前六次是在永乐朝，足迹遍布印度洋周边三十多个国家，最远抵达非洲东海岸和红海沿岸。凡是遇到抵抗和骚扰，郑和船队绝不手软，聚而歼之；而对于那些表态欢迎的国家，则如费信《星槎胜览》中所说的，"其王知我中国宝船到彼，遣部领赍衣服等礼人马千数迎……又差人赍礼象马迎接……金拄杖二人，接引如前礼。其王恭礼拜迎民，诏敕扣头加额，开读赏赐"。郑和代表皇帝对其恩赐诰命官印、官服礼物。许多国家竞相称臣纳贡，跟随船队来到南京，谒见明成祖朱棣。苏禄（菲律宾）东王巴都葛·叭答剌在朝见归国途中病逝，就葬在今天的山东德州。明朝由此建立了以中国为中心的东亚、东南亚多边外交圈。

二是初步构建朝贡贸易体系。郑和船队携带大量陶瓷、丝绸等制品，在所到各国出售，同时购买和换回香料、燃料、宝石、珍禽异兽等，用于满足宫廷奢侈生活的需求。不过，这类贸易大多没有按照市场规则操作，而是半卖半送，从而构建起的不等价交换，就是朝贡贸易。在郑和的努力下，明成祖构建了一张以中国为中心，辐射东亚和东南亚的朝贡贸易圈。在这个圈里，只有政府支持的庞大船队出海贸易，普通老百姓依旧"片板不得下海"。

三是明成祖的合法地位得到巩固。朱棣为了找到建文帝，派郑和与礼部侍郎胡濙，分别在国外和国内暗访。郑和一无所获，基本证实建文帝没逃到海外；胡濙历经十四年走访，在永乐二十二年

（1424年）返回朝廷，直奔宣府拜见朱棣。当时朱棣已经就寝，听说胡濙前来，立即起身召见。两人密谈良久，直至漏下四鼓才结束。种种迹象表明，胡濙很可能见到了朱允炆，并带回了这样一句话："二十年过去了，我也不想再争了，安心做你的皇帝吧，我只想一个人继续活下去。"朱棣二十多年的提心吊胆终于画上了句号，同时他的职业生涯也将走向尽头。不管怎么样，朱棣一系继续统治中国的这一合法性，得到了确认。

四是扩大了中外经济文化联系。海神妈祖，是中国东南沿海地区保佑海事平安的民间信仰。郑和船队所到之处，妈祖信仰也随之传播。如今，妈祖信仰在东南亚各国盛行，成为郑和下西洋最重要的文化交流成果。当然，这并非郑和出海的初衷。此外，郑和下西洋还展现了明代中国强大的造船工艺和航海技术。据《明史》记载，郑和船队首次出海，最多时船只数达六十三艘。其中最大的叫宝船，长四十四丈四尺，宽十八丈，是当时世界上最大的海船，折合现今长度为151.18米，宽61.6米。载重量八百吨。船有四层，船上九桅可挂十二张帆，锚重有几千斤，要动用二百人才能启航。"宝船高大如楼，底尖上阔，可容千人。"其余还有马船、粮船、坐船、战船等四类，有的载货，有的运粮，有的作战，有的居住，分工细致，功能齐全。

第三个要点，对郑和下西洋的评价。

客观来说，郑和下西洋毕竟是背离市场规律的政治行为，其背后必须有雄厚国力支撑，有执政者坚定力挺。然而，郑和引领的朝贡贸易，没有给朝廷带来直接经济效益。明成祖驾崩后，继任的明仁宗和明宣宗深刻认识到，以农为本的中国，很难长期支撑这样的浩大工程。于是，下西洋的壮举仅在宣德年间举行了第七次，便随着郑和的去世烟消云散。

郑和下西洋的戛然而止，是明王朝叫停海外扩张，转而全面收缩的标志性事件。对这一壮举的评价，在朝廷内部也逐渐趋于负面。

《殊域周咨录》记载，郑和船队这七次航行经历，有《郑和出使水程》作为档案存于兵部。然而才过了不到半个世纪，也就是成化年间，这批档案就不翼而飞。明宪宗派人找了三天，都没找到。据传，是车驾郎中刘大夏将其藏了起来。面对兵部尚书项忠的质问，刘大夏表态："三保下西洋，费钱几十万，军民死者万计，就算取得珍宝又有什么益处？旧档案虽在，也当销毁，怎么还来追问？"

刘大夏是明代中叶名臣，他的观点，代表了一批人的看法。而这批档案的去向，也随着刘大夏的去世无从查证。

明朝的海外扩张，随着郑和的离世而终结。朱棣苦心孤诣构建的朝贡贸易圈，也从整个海上丝绸之路沿线迅速萎缩到东亚地区，主要是朝鲜、安南等国。明王朝的退出，使中国人传统的海外贸易市场逐渐被新航路开辟后的欧洲殖民者占据，并最终导致中国退出了正在酝酿中的全球性市场。郑和下西洋给中国经济带来的催化作用也微乎其微，并没有将正在进行经济结构转型的中国东南沿海地区，再推上一把。

相比之下，新航路开辟给西方世界带来的利润，加速了资本主义的原始积累，以及西方世界社会结构的革命性变革。显然，新航路开辟虽然看起来更像是亡命徒的冒险，但给世界历史带来的影响，却比规模更宏大的郑和下西洋要强得多。

三、"倭患"背后的中日关系

郑和在出兵西洋前，曾统率庞大海军抵达日本，向日本天皇和将军宣读明成祖朱棣的圣旨，要求他们立即肃清倭寇，否则兵戎相见。这是怎么回事呢？

永乐二年（1404年），也就是郑和首次下西洋的前一年，倭寇在苏州、松江一带劫掠。这已经不是倭寇第一次在中国沿海作乱。早在洪武年间，正处于南北朝分裂时代的日本，一些在战争中失败的南朝封建主，组织武士、浪人和商人到中国沿海进行海盗活动，或做走私买卖，或烧杀抢掠。这些人，就是最初的倭寇。倭寇人数不多，但流动性大，不易聚歼。洪武四年（1371年），朱元璋就宣布采取紧闭国门的海禁政策，一方面管束沿海商人，凸显其重农抑商的价值取向；另一方面，就是用"惹不起，我还躲不起吗"的思维来对付倭寇。而这样一来，中日两国多年的传统贸易关系就中断了。

到洪武末年，日本的北朝统一全国，南朝的失意政客、武士和浪人失去根据地，干脆流浪海上，盘踞海岛，继续干着海盗的勾当。站在明王朝的立场上，这的确算得上肘腋之患。不过，从中日两国最高统治者看来，倭寇都是个麻烦。为什么这样说？

统一日本的是足利幕府。其第三任将军足利义满，也就是《聪明的一休》里面"将军阁下"的原型，既想肃清南朝残余势力，又想恢复对华贸易，获取巨额利益。据傅维麟所撰《明书·戎马志》记载，面对郑和咄咄逼人的武力恫吓，足利义满直接认怂，马上下令："……絷其渠魁以献。复令十年一贡。"意思是说，抓捕倭寇首领、交付赔偿金，宣布对明帝国称臣纳贡，十年进贡一次。郑和用"不战而屈人之兵"的办法，为自己下西洋的伟业扫除了后顾之忧。此后，中日实行勘合贸易，日本商人必须持有明朝官府给予足利幕府的勘合，才能以进贡的名义来华做生意。

这样的局面维系的时间不长。15世纪中叶以后，伴随着明王朝国力的衰落和海防的废弛，以及足利幕府第四任将军足利义持宣布不再打压倭寇，中日关系恶化，勘合贸易中断。紧接着，倭寇又开始滋扰中国沿海地区。尽管过了些年，勘合贸易恢复，但倭寇问题依然没能根除。

勘合贸易问题的背后，是幕府的行政审批。有限量的勘合，给谁不给谁，幕府说了算。谁拿到了勘合，就意味着谁有资格参与对华贸易，牟取暴利。小小的勘合，不是一张普通的纸，而是意味着数不清的钱财。于是，这里就存在权力寻租的问题。在日本，有些强势的大名公然抢夺勘合；有些实力弱的大名抢不到勘合，干脆跑到中国强买强卖，甚至就地屠戮抢劫，进行海盗活动。

嘉靖二年（1523年），宁波官府先后接待了两拨日本朝贡船。为了争夺正宗贡使的头衔，双方在宁波大打出手，造成流血事件，殃及中国平民。这就是历史上的"争贡事件"。

用今天的眼光看，上供还要抢个先后，这不是吃饱了撑的？前面说过，郑和下西洋构建的朝贡贸易体系，给前来朝贡的国家带来了巨大实惠。他们每次从中国带走的货物，基本是蒙恩低价采购，这样的剪刀差使之回国后销售，可以赚取暴利。谁获得了明朝认可的朝贡主动权，谁就能在本国的对华贸易中占据垄断地位。因此，两拨船并非争着给明朝拍马屁，而是争经济上的垄断利益。

"争贡事件"让宁波百姓躺枪，朝廷里的主禁派肯定不干。他们以此为口实，提出"祸起市舶"的说法，得到皇帝采纳。于是，设在福建、浙江的市舶司就被关停了。这就意味着，嘉靖帝把朝贡贸易这个口子给堵了。中国合法的对外贸易全部叫停。

这样做的后果，是"杀人一万，自损三千"。嘉靖年间，东南沿海地区的商品经济获得了相当大的发展，外贸规模很大。一些海商大贾、闽浙大姓，不顾朝廷海禁，直接跟"番舶夷商"做生意，这就是走私。干这买卖，必须有背景，有财力，有武装，要抱团。于是，他们拉帮结派，形成了一个个海上武装走私集团，甚至盘踞岛屿。

四、双屿港的纠结：朱纨的悲情与无奈

位于舟山群岛附近的双屿，就是他们经营的岛屿中最有名的。16世纪中叶，双屿俨然成为东亚地区最有名的国际贸易枢纽。葡萄牙人平托在《远游记》中，称赞双屿的繁华与壮观："上千所房屋，包括教堂、医院等；居民三千多人，其中有一千二百名葡萄牙人。"

为了办事方便，也为了扩张影响，王直、徐海等江洋大盗长期旅居日本，既跟日本商人、浪人和海盗有着千丝万缕的联系，甚至袭用倭寇服饰旗号，乘坐倭寇的八幡船，合作做生意；也跟闽浙官府和豪门暗通款曲，各行方便，私下分赃。于是，他们被明朝官府视为倭寇。如此一来，倭寇问题发生了变异。以前只有日本浪人，他们杀人放火，奸淫掳掠，偷坟掘墓，攫取钱财，更像是战争贩子。此时成分就复杂多了，中国的江洋大盗在"倭寇"里占据较大

的比重。

此时在位的皇帝是明世宗朱厚熜。此人笃信道教，任用严嵩等奸臣，虽然多年不理朝政，但摆弄权柄仍游刃有余，一旦认真起来做出的决策就很有层次感。

第一层次，全面开花。

在走私贸易中，欠账不还的事难免。有些账几十年都要不回来，成了烂账。那时候没有资产管理公司，也没有债转股的玩法，债务的事一旦惹上官司，便会引发流血事件。余姚大族谢氏不仅欠走私商的钱不还，面对反复催要时还摆出一副威胁报官的架势，这下激怒了"倭寇"们。他们洗劫谢家庄园，搞了一出灭门惨案。案发后，朝廷震惊。嘉靖皇帝决定收拾这些走私商。嘉靖二十六年（1547年），以清正和强势著称的右副督御史朱纨，奉命"提督浙、闽海防军务，巡抚浙江"。

朱纨到任后很快发现，所谓"倭寇"，多数是闽浙沿海的中国人。当地人多地狭，出海做生意是他们谋生的主要出路。朝廷搞海禁，他们就家家户户涉足走私，甚至披上"倭寇"的外衣。朱纨的调研是准确的，但接下来的做法却走上了安贫乐道的传统理念和"重农抑商"的既定国策所导引出的错误路径。

朱纨做了两类工作：第一类是全面收缩，即"革渡船，严保甲，搜捕奸民"。包括两方面具体工作：一是强化朱元璋时期的里甲制度，搞保甲连坐，谁出海走私，举报有赏，抓获连坐，使邻里之间相互监督、相互制约；二是整顿海防，训练军队，严格执行海禁政策。第二类是厉行清剿。朱纨认为，双屿港乃"正门庭之寇也，此贼不去，则宁波一带永无安枕之期"。于是，嘉靖二十七年（1548

年），他派兵捣毁双屿，全歼毫无防范的"倭寇"，焚毁岸上房屋、港口船只，堵塞入港航道，使这个16世纪的"世贸中心"沦为废墟。对于捕获的江洋大盗和倭寇，得而诛之，概不留情。

朱纨这么做，当然维护了朝廷的国家主权和社会稳定，但让沿海商民的经济利益严重受损，从而成了当地豪族大姓的眼中钉。于是，朝廷内部多名闽籍官员争相对其弹劾，攻讦其擅权、擅杀。嘉靖帝眼看朱纨在闽浙地区"不得人心"，遂将其革职。朱纨深感"纵天子不欲死我，闽浙人必杀我"，走投无路，服毒自尽。此后，再无大臣巡视闽浙。

平心而论，在双屿港繁荣的岁月里，沿海地区虽然海防废弛、走私泛滥，但战祸相对较轻。江洋大盗们志在牟利，有时还帮着官府剿灭打家劫舍的小股海盗。双屿聚拢了各国商船队，蔚为壮观。朱纨派兵将双屿港捣毁后，由于消息闭塞，外人并不知晓，一月之间，仍有一千二百九十多艘商船来港，乘兴而来，惊愕而归。

摧毁双屿后，朱纨曾踌躇满志地表示："全闽海防，千里清肃。"然而，清剿变成了捅马蜂窝，口袋扎得越紧，民间的反弹越厉害。朱纨死后，浙江、福建沿海反而迎来了为期十几年的严重"倭患"。成千上万的倭寇，"连舰数百，蔽海而至"，使"滨海数千里，同时告警"，令嘉靖君臣顾此失彼。据统计，嘉靖三十一年（1552年）之后的十五年里，倭寇警报六百零九次，占明代倭寇侵扰记录的80%以上。

这些"倭寇"都是什么人？当时的日本已经进入战国阶段，忙着打内战，而且战争机器的技术水平很低。低到什么地步？嘉靖二年（1523年）"争贡事件"中日本人乘坐的贡船，是当年永乐皇帝赐给足利义满将军的。那个时期，日本人连横渡东海的大船都造不出来，怎么可能大规模进攻中国？即便是丰臣秀吉统一日本，想进攻中国，也是以朝鲜作为跳板，挑起战端，结果被中朝联手打得满地找牙。因此，嘉靖中叶"倭患"，其实是中国人自己在闹腾。

福建长乐籍的官员谢杰，在《虔台倭纂》中指出，这些所谓"倭寇"的真实身份，"皆潮（州）人、漳（州）人、宁（波）绍（兴）人主之也"。连官方史料《明世宗实录》也说，"盖江南海警，倭居十三，而中国叛逆居十七也"。当时的学者唐枢更指出："非倭夷敢自犯中华，乃中国自为寇也。"

这些"倭寇"登陆后，深入内地，烧杀抢掠，如入无人之境。不是因为他们战斗力强悍，而是因为他们在东南沿海地区的民间游走如鱼得水。百姓"任其堆货，且为之打点护送"，"或馈时鲜，或馈酒米，或献子女，络绎不绝"；官兵把守的"关津略不讥盘，明送资贼"；"倭寇"自己则深入内地，"若熟路然"，"与农民杂耕于舟山山阜处"，"或披篛顶笠，沮溺于田亩，或云巾纻履，荡游于都市"。这让主持剿倭的官员惊呼："自节帅而有司，一身之外皆寇也！"

难道东南沿海地区的官民全是刁民匪类吗？当然不是。

造成这种情况的原因，还是姓朱的两位高手惹的祸。

朱元璋戎马一生，遭遇抵抗最激烈的对手，莫过于盘踞江浙的张士诚。江浙地区号称"鱼米之乡"，可谓"苏湖熟，天下足"。于是，朱元璋对江浙地区加以重税，加之明中叶以后土地兼并严重，务农负担重，易破产，这里的农民只好纷纷下海经商，用以谋生。而在海禁政策下，走私贸易"一倍而博十倍、百倍之息"，算是暴利行业。于是，上自达官贵人，下到黎民百姓，都投身其间。海上经商，成了当地重要的经济支柱。

本来，天高皇帝远，朝廷对此睁一只眼闭一只眼。可朱纨到任后，厉行海禁，捣毁双屿，砸烂了商民们吃饭的家伙。他们只好转行，亦商亦盗，而且匪性渐重。谢杰在《虔台倭纂》中指出："寇与商同是人，市通则寇转为商，市禁则商转为寇。"抗倭名将谭纶也认为，家里抓老鼠，一定要留个洞。如果都给堵上，就会有更多的地方被老鼠咬破。讲的就是朱纨摧毁双屿带来的负面影响。

事实证明，朱纨执行的以堵为主的治"倭"路线，不仅走不通，而且带来了更大的麻烦。而朱纨本人，则成了一个悲情人物。

五、"倭寇王"王直的梦想与现实

治"倭"政策必须改弦更张。于是，嘉靖君臣就有了第二、第三层次的作为。

第二层次，全歼匪首。

前文提到的王直，是这场嘉靖"倭"患的重要角色。这是个不简单的商人。他读过书，深谋远略，智勇双全，思维超前，海洋意识很强，深知"下海"可以强国富民。他渴望朝廷能够叫停海禁，恢复互市。双屿毁灭后，各路江洋大盗纷纷收拢余众，退保其他小岛，重整旗鼓。这些大盗，有的主张登陆抢掠，比如徐海，有的主张通商互市，比如王直。

为此，王直曾打算跟官府合作，以帮助官府平定海盗、维护沿海社会秩序为代价，换取官府对其走私的默许。有了官府的保护，他盘踞舟山群岛的沥港，声势越来越大，俨然海上霸主。可是，朝廷依旧沿袭朱纨"除恶尽"的做法。嘉靖三十二年（1553年），抗倭名将俞大猷偷袭沥港。王直惨败，在内地已无法立足，只好流亡日本。从此，浙江沿海失去了和平经营对外贸易的基地和网络，直至鸦片战争结束。

王直长居日本的同时，带去大量的中外商船和商机，带动了日本外贸的发展，深得当地官商欢迎。于是，他就在异国他乡的东瀛自封徽王，成为东亚海上商业网络的主宰者。在他一手缔造的海上王朝里，拥有可容纳两千人、甲板上可以跑马的巨大商船，有"绯袍玉带，金顶五檐黄伞"的宏大排场，有"三十六岛之夷，皆其指使"的奇特魅力。而越是这么声名赫赫，越遭明朝官府嫉恨。他很清楚，自己早就被视为"东南祸本"，长期通缉。

面对这样的高手，明王朝也推出了一位能人。严嵩的义子赵文华推荐兵部侍郎、都察院金都御史胡宗宪赴任浙江，担当总督浙江、南直隶和福建等处军务，专门对付"倭寇"。

胡宗宪出身锦衣卫世家，博学多才，智谋过人。在严嵩专权的黑暗政治环境里能做到独善其身，显示了他的谨慎与圆滑。他到任后明确指出："海上贼惟（王）直机警难制，其余皆鼠辈，无足虑。"可是，日本离得太远，明王朝力所不逮，鞭长莫及。强攻不成，只有智取，胡宗宪决定招降王直。

跟王直一样，胡宗宪的老家也在徽州，对徽商的心理摸得很透。他先把关押在监狱里的王直老母、妻儿释放，予以优待和供养，再让王直之子写下劝降血书，送往日本，书内封官许愿，承诺互市通商。

胡宗宪做的这些事，件件都做到了王直的心坎上。嘉靖三十三年（1554年），王直义无反顾，决定回国。他在舟山大兴土木，准备重开通商。没想到，当他登门拜谢胡宗宪，准备接受官职时，被扣留了。

平心而论，胡宗宪是真心主抚的。在他看来，只要朝廷善用王直，"倭"患不剿自平。遗憾的是，朝廷已经认定，这位海上霸主就是"倭寇"的总后台，必须得而诛之。在紫禁城里，说胡宗宪接受王直巨额贿赂的奏章连篇累牍。这让胡总督无法自持，只有出尔反尔，擒杀王直。嘉靖三十八年（1559年），王直在杭州引颈受戮。直到临死前，他还在为自己申辩，历数替朝廷剿灭海盗的功劳，希望官府开放海禁，并愿继续"效犬马微劳驰驱"。

很显然，王直的平生所愿，不是匪类，而是"红顶商人"。很遗憾，历史不再给他这样的机会了。

王直之死，带来了两个后果：第一，其他"倭寇"果如胡宗宪所料，不堪一击。徐海集团投降后仍被官军围歼，徐海本人走投无路，投水自尽。第二，诱杀王直使朝廷在"倭寇"那里信誉扫地。那些海盗陷入怨恨、绝望，甚至自甘堕落，走上了与官府和百姓彻底决裂的道路。王直曾预言："死吾一人，恐苦两浙百姓。"一语成谶。尽管在胡宗宪、戚继光的努力下，浙江"倭"患迅速平定，但"倭寇"突围南下，盘踞福建外海岛屿，攻陷州县，祸害连年。直至嘉靖帝驾崩，"倭"患也没能完全剿灭。

嘉靖末年，严嵩倒台，代表正直力量的徐阶、高拱、张居正等成为阁臣，他们看到，剿灭"倭寇"的战争连绵数十年，万千人头落地，荼毒东南半壁，不仅令明王朝国力虚耗，江南经济凋敝，也让百姓受苦不已，而这一切都源于海禁。嘉靖帝当然不愿意自我打脸，修改早年制定的海禁政策。于是，这第三层次的工作，也就是做出改变的重任，就落到了继位的隆庆帝头上。

在历史上，隆庆皇帝朱载坖以好色和昏聩闻名，但他放手重用高拱、张居正等正直阁臣和戚继光、俞大猷等名将的做法，使得明王朝看起来有了一丝中兴的味道。

月港，位于福建漳州，地处九龙江入海口，因其港道"外通海潮，内接淡水，其形如月"而得名。隆庆元年（1567年），月港成为朝廷"准贩东西二洋"的唯一通商口岸。尽管只是为海禁政策开了一个小小的口子，但足以让"倭寇"们找到合法谋生的渠道。于是，他们由寇转商，持续多年的"倭患"也消失了。

隆庆君臣对这座新口岸给予厚望，将其命名为海澄县，寓意"海疆澄靖"。月港也不负众望，成为"海舶鳞集，商贾咸聚"的外贸大港，在中国历史上，与汉唐时代的福州甘棠港、宋元时代的泉州后渚港、清代的厦门港齐名，并称福建四大商港。

当生活在隆庆、万历年间的人们，漫步月港，眺望千帆竞渡，称赞"市镇繁华甲一方，古称月港小苏杭"之时，是否曾记得，这正是王直为代表的一大批东南沿海商贾孜孜以求的梦想。

六、明郑时代：一个海上商业集团的兴衰

隆庆开海，或许是明王朝近三百年里做得最明智的一件事。它顺应了新航路开辟后经济全球化的历史进程。

当时西班牙、葡萄牙、荷兰等第一批新航路开辟的受益者，已

经把殖民扩张的触角伸向亚洲和拉丁美洲。中国东南方向的邻国，原本都是朝贡贸易体制下辐射的弱国，在这场殖民主义的搏杀中成了西方列强的盘中餐。于是，中国东南方向的邻居，比如吕宋、巴达维亚（印尼雅加达）就分别变成了西班牙、荷兰等国的殖民地。由于明王朝实力尚强，这些列强对中国尚不敢动武，转而热衷于做生意发财。

西班牙商人的"马尼拉大帆船"，从福建月港采购生丝、丝绸运往墨西哥的阿卡普尔科港。月港出产的丝织品由于物美价廉，深受欢迎，十分畅销。中国的生丝甚至成了当时墨西哥诸多丝织作坊的主要原料。西班牙人用从美洲攫取的大量白银作为硬通货，向中国购买生丝，使明朝末年的几十年间，从美洲流入中国的白银数量接近美洲白银总产量的半数。这种状况，一直延续到清朝前期。难怪全球史专家贡德·弗兰克在《白银资本：重视经济全球化中的东方》一书中强调，中国是世界白银的"唧筒"。

可以说，全球贸易经由月港的繁荣，已经初现端倪。福建成为16世纪末、17世纪初全球贸易的重要中转站。这样的环境孕育了一批新的江洋大盗，也就是武装海商集团，包括李旦、颜思齐，但最有名的当属郑芝龙。

如果说王直是泛舟海上的徽商，那么郑芝龙算是闽商的杰出代表。祖籍福建南安的他，十八岁那年（天启元年，1621年）跟兄弟们到澳门投奔叔父，学习经商，接受澳门天主教洗礼，起了个教名叫Nicolas（尼古拉斯）。由于他的小名叫一官，故而在西方文献中也被称为Nicholas Iquan（尼古拉斯·一官）。后来，郑芝龙往来东南亚做生意，并在日本侨居，娶妻生子——妻子是泉州籍华侨铁匠翁翊皇的义女田川氏，儿子就是后来响当当的郑成功。

郑芝龙的早年人生，足迹遍布海内外，精通多门语言，颇具国际视野。这样与众不同的素质，使他先后供职于李旦和颜思齐的门下，还给盘踞澎湖的荷兰人当通事（翻译），受到重用。颜思齐和李旦死后，郑芝龙先后接管了两家的商业团队，将其组合成一个强大的武装商业集团，麾下数万人，在台湾海峡自立门户，经营走私，兼做海盗。

跟王直一样，郑芝龙也有一颗归顺朝廷的心。尽管给官兵惹的麻烦一点都不少，但他的运气还是比王直要好得多。这主要是政治环境和个人形象的不同。天启、崇祯年间，明王朝早已顾此失彼，自顾不暇，根本没工夫集中精力收拾郑芝龙，这给了他大发展的历史性机遇。天启七年（1627年），郑芝龙集团已拥有七百艘商船和战舰，击败多个竞争对手。更重要的是，他虽然干劫掠的勾当，但与泉州百姓不仅秋毫无犯，而且扶危济困，在当地颇有威望。崇祯元年（1628年），他终于跟福建巡抚熊文灿谈妥，接受招抚，由快意海上的盗贼，变成了体制内的游击将军，为朝廷缉捕海盗，防范荷兰人的进攻。

虽然进了体制，但郑芝龙一直没有放弃自己的刀把子和钱袋子。他用其他海盗的鲜血和人头，书写了自己升官路上的投名状，做到了福建的总兵；他击败了荷兰东印度公司的舰队，控制台湾海峡，收取保护费，一艘大船要三千两银子，靠此成了福建最富的人。这个保护费在台湾海峡，其实还是物有所值的。交了钱的船只，就可以拿到郑家的令旗，确保在台湾海峡的航行安全。所有海盗见到郑家旗帜，统统不敢拦路抢劫；不交钱的，拿不到令旗，就难免遭到劫掠。

就这样，一个五品的朝廷命官，把经商发展到了极致，贸易范围遍及东洋和南洋，覆盖中国东南沿海、日本和东南亚等地。他指挥的军队，既有中国人，也有日本人、朝鲜人、东南亚诸国人、非洲人，堪称多国部队，人数多达二十万众，船只超过三千艘，成为远东地区最强大的海上力量。

郑芝龙这辈子，做过最正确的事，就是向台湾移民。他将台湾视为自己的禁脔，即便是天启四年（1624年）荷兰人侵占台湾南部，也没有动摇他这一自信。崇祯年间，福建大旱，郑芝龙提出了一个新的赈灾思路：将饥民迁移到台湾去，并给饥民优惠条件予以资助。他说到做到，实现了中国历史上第一次有组织的移民赴台。这样做，今天看来有两大好处：一是对沃野千里的台湾进行了初步开发，二是彰显了中国对台湾的主权和经济存在。荷兰对台殖民统治三十八年，驻兵不过两千人，而在台湾生活的大陆移民则多达数万人，且打上了深刻的郑氏烙印。这样的群众基础，对后来郑成功收复台湾帮助甚大。

崇祯年间，日本德川幕府颁布了锁国令，只保留长崎一个口岸，只跟中国和荷兰做生意。在全球贸易体系中，日本也是个重要枢纽。郑氏集团在对日贸易中发了大财。根据《华夷变态》等文献的统计，直至郑经统治时期，平均每年仍有十多艘郑氏商船开往日本做生意。

郑芝龙集团的兴盛，在很大程度上得益于他接受招抚后的政治地位。然而，这个集团的倒台，也跟政治脱不开关系。

崇祯十七年（1644年），李自成攻陷北京，明朝灭亡。南京的明朝大臣拥立福王朱由崧称帝，建立了南明弘光小朝廷。郑芝龙在福建上表拥戴有功，被封为南安伯，总管福建军政事务。一年后，清兵南下，福王被俘，郑芝龙就地拥立唐王朱聿键为帝，年号隆武。郑芝龙的爵位升格为南安侯。由于隆武政权的辖区只是福建一省，而郑芝龙在此经营多年，朱聿键也就顺水推舟，让他负责整个政权的军政大事。至此，郑芝龙在富可敌国的基础上，终于过了一把位极人臣的瘾。

可是，权倾朝野的感觉，似乎冲昏了他的头脑。处在权力巅峰的郑芝龙，似乎不知所措了。皇帝打算出兵北伐，收复失地，他却举棋不定，不想把自己辛苦多年积攒的本钱拼到朱家的事业上去。显然，他只热衷于接受招安，却没有忠君的信念；他骨子里还是个海盗，并没有让自己的心定下来。清兵压境，面对隆武政权的不利境地和闽粤总督的官职诱惑，他屈服了，抛弃了皇帝，抛弃了妻儿，抛弃了几十万部众，毅然北上降清。

郑芝龙是商场上的赢家，却是官场上的输家，他被清军的总督博洛耍了。非但闽粤总督没得到，自己还被押到北京，编入汉军正红旗，虽然享受了封侯的优厚待遇，但形同软禁。经营多年的产业，遭到了清军的洗劫。就连妻子田川氏，也在这场洗劫中自杀。

其后的郑芝龙，对清王朝来说，就剩了一个用途：规劝在厦门、金门坚持抗清的儿子郑成功降清。然而，劝降信石沉大海，郑成功的抗清事业和海外贸易倒是越做越大，不仅恢复了郑氏集团往日的荣光，而且还一度打到了南京城下。清军不善海战，打不过郑成功，便采取坚壁清野的迁界禁海政策，在沿海三十里内制造无人区，想困死郑成功集团。这样主动关门的做法，反倒使中国对外贸易的主动权全部落到了郑成功手中。于是，靠着海上贸易积累的巨额财富，虽然北伐失败，郑成功集团还是能继续撑下去。

清康熙元年（1662年），郑成功收复台湾，在赶走荷兰殖民者的同时，为自己赢得了一片新的根据地。然而，大陆方面传来了郑芝龙遇害的消息，这也成为郑成功暴亡的重要诱因。

没错，顺治十二年（1655年）以后，郑芝龙的待遇一落千丈，先是被人弹劾"纵子叛国"，削爵下狱，接着又被扣上"通海"的罪名发配宁古塔。在东北冻了一年后，顺治帝驾崩。辅佐康熙帝的大臣苏克萨哈把郑芝龙及家眷十一人，押赴北京柴市（今府学胡同西口）问斩。郑芝龙的传奇人生，以这种近乎窝囊的方式了却。

其后，郑氏集团又在郑经和郑克塽的主持下，维持了二十多年。虽然保有台湾澎湖，继续近乎垄断中国的对外贸易，但反攻大陆、恢复明朝，越来越像是一个口号，而非实实在在的目标。康熙二十二年（1683年），清王朝统一台湾，次年设置一府三县，纳入中央政府行政管辖，结束了这个孤岛悬置海外的历史。随着郑克塽归降，郑氏集团的统治历经四代，半个多世纪的荣耀与屈辱，就此画上句号。

七、江南三织造：外贸繁荣的强大支撑

清朝初年的迁界禁海政策，受害最大的，除了沿海地区的老百姓，论港口城市的话，当属月港。这里被划为"弃土"，失去了往日的繁华，贸易地位也被厦门港取而代之。康熙二十三年（1684年）清朝在台湾置府县，来自海上的反清威胁基本解除，迁界禁海

这种损人不利己的政策，也就没了存在的必要。在闽浙地方官员的一再呼吁下，清廷终于在第二年将其废除，公布了新的对外贸易政策：一是展界开海，沿海居民可以回到海边故土，重操打鱼、经商的旧业。二是以广州、厦门、宁波、松江这四个城市为对外通商港口，允许外国商船前来互市贸易。三是在以上四个口岸分别设立粤海关、闽海关、浙海关和江海关，管理来往商船，征收关税。中国对外贸易迎来了"四口通商"的新时期。

从对外开放的程度看，康熙年间"四口通商"要比明朝的"隆庆开海"力度更大。因此，说清前期始终坚持闭关锁国政策，显然是不符合事实的。

清前期的中外贸易，既有陆路，如面向朝鲜、安南、暹罗和俄罗斯，也有海路，如面向日本、荷兰、英国等。中英贸易在18世纪后来居上，成为中外贸易里规模最大、影响最广泛的双边贸易。

中国出口的大宗商品，主要包括茶叶、生丝和丝织品，以及瓷器，进口的大宗商品主要包括白银、毛纺织品和棉花。出口贸易的兴盛带动了与产品相关的一系列产业，如种茶、养蚕、丝织、织布、制瓷、运输、茶叶加工等，促使部分产品的主产区逐渐实现商品化、规模化经营，出现了某种以市场为导向的外向型经济雏形。进口贸易，特别是白银内流，改变了中国的货币市场格局，成为推动中国的经济和社会结构巨变的重要动因。这些大宗商品的贸易，对世界政治经济格局的演变也产生了深远影响。

当位于广州的中国行商，源源不断地将生丝运送到洋人的快船上，收取白花花的银两，这样简单的交易过程背后，显示了以丝织业为代表的清代江南手工业的高度发达。在今天的苏州市吴江区盛泽镇，仍以"衣被天下"闻名，曾在2014年北京APEC会议上大出风头。与会各国领导人及其配偶穿着的"新中装"，主要面料就是这个小镇生产的丝织品宋锦。

苏杭地区丝织业的巨大成就，不仅引起了洋人的青睐，也得到了朝廷的关注。江南丝织业纳入官营的历史由来已久。元朝就在苏州平桥设立了织造局。明朝在中央设有两京织务，地方设有织染局。而清朝则由内务府出面，设立了苏州织造、江宁织造和杭州织造。

丝织业本来是个竞争性、分散性很强的行业，让官府管起来，难免一管就死。明朝就出了这样的状况：由于皇室对丝织品的需求量很大，给苏州的丝织作坊加派了很多活。这些活都是给朝廷尽义务的事，也就是"徭役"。成本高、价格低，织染局管辖的作坊不堪重负，光忙这些加派的活都干不完。无奈之下，织造局只好把岁造，也就是每年正常完成的工作量挪出去，招揽民间力量来加工。

那么，这些民间力量怎么来组织？选哪家作坊来给织造局打工？

明朝发明了"民机领织"制。织染局通过中间包揽人，招揽民间机户来织布，也就是请机户来领活。"机户"，可以理解为"初级阶段"的资本家。"领织制"类似于20世纪80年代改革开放初期，沿海开放城市企业的加工订货，包括"给料加工"和"给银加工"两类。前者是由织染局提供生丝原料，购买的只是劳务服务；后者是由织染局给银子进行"政府采购"，购买的是成品。

大家有没有发现，这些机户不再是给官府白干，而是按劳取酬。虽然拿到的酬劳可能会低于市场价，但性质还是变了。以前白干，那叫"强制徭役"，是给官府尽义务。现在变成了"购买服务"，那就是传统的雇佣关系。如果机户自己干不过来，就包给更小的机户分着干，或者招募更多的机工来干。这样，就形成了织染局—机户—机工（或小的机户）的雇佣关系。从经济关系来看，这属于资本主义萌芽。从阶级关系上看，这可以视为封建人身依附关系放松的一个体现。

清代初年，硝烟散去，苏州重建织造局，位于葑门内，带城桥东，直接归内务府管理。苏州织造局的规模很大。根据《苏州织造局图题记》记载："总织局前后二所，大门三间，验缎厅三间，机房一百九十六间，外局神祠七间，织缎房五间，染作坊五间，灶厨菜房二十余间。四面围墙一百六十八丈，开沟一带，长四十一丈。厘然成局，灿然可观。"从经营规模上迅速超越了明代末年。

明末的"领织制"，最大的弊端在于机户生产经营过于分散，导致织染局的丝织产业"机设散处民居"，不易控制产品质量和生产效率。因此，清代苏州织造局推出了一种叫"金派之法"的管理形式：由织造局对那些被选中为官府打工的机户给予银两，规定产品交付期限；由机户自行购置生丝原料，向民间雇佣机匠，付给工价（工资），让工匠直接到织造局里做工。这样的话，机户就不能自行组织生产，其职能主要是购买原料和招募工人，相当于分散经营。织造局集中管理工人和安排工作，呈现了集中生产的格局。

"金派之法"实施后，织造局出现了像陈有明在《重修织染局记》里讲到的场景："织局机杼杂沓，织造浩繁，且匠役千有余名，卯进酉出。"集中生产规模很大，工人按时上下班。不过，弊端也很明显。主要是织造局给机户提供的购买原料、雇佣工匠的银两不够用，只相当于市场价的一半，无法体现市场价值，造成实际意义上的多重盘剥和勒索，招致朝廷诸多弹劾。因此，内务府和苏州织造局又研究出一种新的经营方法，叫"买丝招匠"制。

按照"买丝招匠"制的玩法，织造局的职能是选定机户，发给执照，预购生丝，责令机户从民间雇募工匠，在织造局里按照规定的样式纺织制作。织好后，机户负责将成品缴还织造局。这样一来，织造局的责任就小多了，只管审批和成品，至于具体的生产过程和技巧，它就不过问了。比起"领织制"和"金派之法"，这是个比较大的进步。

到"买丝招匠"制为止，丝织行业正式建立起比较稳定的资方和劳动力的雇佣关系，以前的免费徭役体制和人身依附状态，基本走向了尽头。从某种意义上说，这就是中国土生土长的资本主义萌芽。当然，当时的人们并没有意识到这一转型的巨大历史意义。因此，那些可能具备资本家资质的机户，几乎都没有选择独立发展，从而成长为民族资产阶级，而是继续依附织造局。这大概也是清代君主专制在经济领域的缩影吧。

机户的依附，成全了织造局的坐大。清初，内务府在江南设置了三个织造局（织造府），分别是江宁织造、苏州织造和杭州织造。而三个织造局的负责人长期不变，不仅彼此间血缘纽带和权力纽带藕断丝连，而且都与康熙皇帝沾亲带故。然而，他们的主要使命却不是管理丝织业，他们所上的奏折中，与织造业务有关的少之又少。

显然，皇帝给他们布置的主要任务，是专折密奏，是当皇帝了解基层官情民情的耳目。为此，他们获得了跟督抚大员平等的政治地位，甚至以钦差大员自居。

从另外一个方面说，李煦、曹寅等人对丝织业的不上心，也恰恰说明了江南丝织业采用"买丝招匠"制之后，更多的体现了"市场的归市场，政府的归政府"的特色，在放权的同时实现了城市工商业人身依附关系的松弛。

丝织业的繁荣，成就了三织造的奢华生活，使他们有财力给皇帝南巡掏腰包，从而成全皇帝"南巡所有费用和物品出自内帑，不取民间一丝一毫"的自诩。比如，康熙四十四年（1705年）康熙帝第五次南巡期间，恰逢康熙帝六十大寿。李煦挖空心思布置迎接，场面宏大："皇船经过浒墅关，有苏州生员、耆老人等及故事抬阁并官兵迎接圣驾。"三月十七日，皇船进苏州停泊，李煦奏准："沿途河边一带数里，设戏台演戏恭迎……过街五彩天篷，张灯结彩恭迎，由大街至苏织造府内，备造行宫驻跸。"

除了当个贴心的奴才，李煦作为苏州织造，其实还是对丝织业动过些心思的。他推进了缂丝技术的革新。缂丝又叫"刻丝"，采用传统丝绸艺术品精华"通经断纬"的织法，极具装饰性和观赏性，其织造过程细致，传世稀少，胜过原作，"一寸缂丝一寸金"。它与杭州丝织画、永春纸织画、四川竹帘画并称为中国的"四大家织"。

无论是产量，还是品质，江南三织造治下的丝织品的确质量上乘，深受国内外欢迎。这也为清前期外贸的繁盛，在供给侧提供了足够的产品支撑。

不过，如果想把江南的丝织品远销海外，最简便的办法就是运到浙江沿海装船。然而，就为了这么件事，中国和英国在18世纪中叶发生了一次激烈的碰撞，还演绎出一段洋人进京上访告御状的闹剧。

八、进京告御状的洋鬼子

清乾隆二十四年（1759年）五月三十日，舟山群岛的四礁洋面。

定海镇把总谢思仍像往常一样乘船出海。对他来说，这样的巡逻只是例行公事。多日来，茫茫大海上，连个帆影都没有。这天，忽然看到一叶扁舟，晃晃悠悠在海上漂荡。他连忙率船追上，将其逼停在双屿岛附近。

接下来就是登船盘问。可一见面才知道，船主是个英国人，名叫洪任辉（James Flint），中国话很流利。他说自己准备来宁波做生意，货物和银钱都在后面的大船上。

谢思闻讯，不敢怠慢，马上禀报浙江总兵罗英笏。罗大人表示，朝廷有令，所有西洋商船，都只能在广州贸易，不能在此停泊。洪任辉只好很不情愿地率船离开双屿。临行前，他把一封书信交给了定海官府，里面是控告粤海关的汉文呈词。至于这封书信的下落如何，不得而知。

离开浙江，洪任辉并未南下广州，而是直接北上，来到天津。一番交涉后，他竟然把同样内容的呈词经由天津官府，送到了北京，直至摆在了乾隆皇帝的书房里。这就是告御状。

一个外国人，不远万里跑到北京，来告粤海关的状，他对粤海关究竟有什么深仇大恨？

故事还要从一百年前说起。

清代前期虽然号称"四口通商"，但四个口岸各有分工，专门面向西洋各国开放的口岸，只有广州。也就是说，对于西方来说，中国只是"一口通商"。这让洪任辉很不爽。

看看他给乾隆皇帝的那份呈状上写了些什么：

　　一、关口勒索陋规繁多，且一船除货税外，先要缴银三千三四百两不等。

　　二、关监不循旧例准许外商禀见，以致家人被多方勒索。

　　三、资元行故商黎光华欠外商银五万余两，关监、总督不准追讨。

　　四、对外商随带日用酒食器物等苛刻征税。

　　五、外商往来澳门因陋规被苛索。

　　六、除旧收平余外，又勒补平头，每百两加三两。

　　七、设立保商，外商货银多被其挪移，延搁船期等。

他反映的问题，也是多数西方商人面临的问题，主要是海关勒索、行商商欠和贸易壁垒三方面。而这一切的根源，在洪任辉看来，就是"一口通商"闹的。

整个18世纪，英国是中国最大的海外贸易伙伴。英国人来中国做生意，按照清廷规定，只能前往广州，别无选择，广州也就因此具有中英贸易的垄断地位。按照朝廷规定，中国的普通商人不能直接跟英国人做生意，要想把货物卖给洋人，或者购买洋货，必须通过官府特许的中间商，也就是十三行的行商。英商想做买卖，也要通过他们。

于是，行商就成了中英贸易的一堵墙，过一道，来一刀，赚差价，没商量。18世纪末19世纪初，行商里涌现了伍秉鉴、潘振承、卢观恒等一批家产超过两千万两银子的世界级富豪，其致富途径主要就是官府特许的垄断权力。

粤海关作为官方的代表，在关税征收和货物查验审批的过程中，有天然的垄断权。在封建官僚体制下，这种滥用职权、以权谋私的事司空见惯。更何况，粤海关作为内务府的直属单位，还肩负着给皇帝采买海外奢侈品的任务，但出价远低于市场价，在跟洋人打交道时更加"以我为主"，极尽盘剥之能事。

康熙帝生前曾有预感："海外如西洋等国，千百年后，中国恐受其累。"到了乾隆时，这番话言犹在耳，乾隆帝不得不有所提防，避免他们借贸易向内地渗透，改变大清臣民的生活习惯，进而跟若隐若现的地下反清组织勾结，做出颠覆政权的事来。

因此，粤海关对来广州做生意的英国商人及家眷，限制很多，比如来华做生意的英国商人，必须找行商作为保商，对今后可能出现的经济纠纷担保。这样虽然在贸易规则上似乎行得通，但也让洋人们不得不低头央求行商，从而使双方的贸易地位更不平等。比如到了冬天，无论货物是否卖完，都不准逗留，全部离港，连库存货都不能堆放在广州黄埔港，必须挪到澳门，或者更远的地方。乾隆帝用这些限制措施，实际是在告诉所有洋人：本朝什么都不缺，允许你们来广州贸易，就是给面子了，别得寸进尺，无事生非。

大家知道，这个时候的英国，已经今非昔比——不仅打败法国、荷兰、西班牙，成为新的海上霸主，而且完成了资产阶级革命，建立了比较稳定的君主立宪政权，以及资本主义的生产方式，经济发展速度较快，正在跨越工业革命的门槛。英国人对于寻找原料产地和过剩商品倾销市场的追求非常强烈，当然不会放过有着广袤国土和数亿人口的中国市场。可是，英国人追求解除贸易壁垒的努力，却用错了地方。

相对来说，康熙帝对西方世界的商人、传教士和舶来品，总体是宽容的，只是保留了几分戒心，而乾隆帝就不是这样了。乾隆对西方世界的看法，更多的是戒备和防范，他要的是持盈保泰，把盛世维持下去，不需要任何跟乾隆盛世无关的要素掺进来，构成潜在的隐患。因此，他对这个案子的理解，就跟一般人不一样了。

两广总督李侍尧奉旨调查，坐实了洪任辉的部分控告，认可"华商所欠银两，按股匀还"的原则，但对于减免规礼和废除保商这两项洪任辉强调的关键性要求，不仅全部回绝，而且纳入则例，加以固化。李侍尧还百般袒护粤海关监督李永标，将罪责往其家人身上推卸。对此，乾隆帝这样批示："惟应秉公存国体为要。管关之人，非督抚可比，一应税务，势不得不用家人，家人勒索，即主人勒索也。不可以失察开脱其罪。"

显然，李侍尧的调查结论，乾隆帝认可了。毕竟，粤海关进贡长期以来就是内务府的主要进项。乾隆十八年（1753年），仅现银一项，粤海关就上交五十多万两，超出江、浙、闽三个海关之和。李永标作为粤海关监督，任职很久，没有功劳，也有苦劳，怎能因为一个洋人的控告，就严加惩处？不管怎么样，这样的心腹爱将，犯了天大的错，也必须帮他开脱！

于是，涉案的李永标家仆人，收受财物，被发配到边疆为奴，而李永标本人只是承担了连带责任，枷号鞭责后"解部发落"，保住了性命。

接下来，乾隆帝的思路出现了跳跃，令人始料不及：眼前的这份呈状，不仅书写得合乎官方规范，而且顺顺当当地送到朝廷，需要既熟悉汉文语法，又能打通官场关节，洪任辉作为洋人，有这么大本事吗？这其中"恐有内地奸人为之商谋"，搞不好有里通外国的嫌疑。因此，"内地人代写呈词者，尤应严其处分"。

这样一来，剧情发生了翻转。李永标的事被放在一旁了，调查的重点变成"谁写了这份呈状"。

呈状究竟是谁写的？洪任辉一口咬定，是他托旅居噶喇吧（今雅加达）的福建侨商林怀在海船上写的。而李侍尧从行商的渠道了解到，这份呈状实际是仁和行的四川籍商人刘亚匾代写的。不管怎样，林怀被从南洋抓了回来，治罪抄家。刘亚匾作为洪任辉的汉文老师，本来是靠代写状纸赚点银子花，结果背上了"为外夷商谋砌款"的罪名，在一顿乱棍中丢了性命。

洪任辉本来只是个告状的洋人，但也是这张状纸给他惹了祸——他被扣上了"勾串内地奸民，代为列款，希冀违例别通海口"的罪名，在澳门圈禁三年，期满驱逐出境。据说，在他回国之际，船过炮台，他"尚知感畏，在船行礼叩谢，由虎门出口放洋而去"。不知，这是发自内心，还是装模作样。但这或许是乾隆帝最希望看到的结局。

洋人上访的事，给乾隆帝很大的触动，他不希望再有类似事情发生。据《清高宗实录》载，一项新的外贸原则因此出炉："内地物产富饶，岂需远洋些微不急之货。特以尔等自愿懋迁，柔远之仁，原所不禁。今尔不能安分奉法，向后即准他商贸易，尔亦不许前来。"意思是说，我是皇帝，中西贸易只是我怀柔远人的手段、恩赐藩国的工具，可大可小，可有可无。

秉承这样的原则，就在洪任辉事件结束后不久，清廷就出台了一系列政策。历史学家将其进行了综合，称为"闭关政策"。那么，闭关政策到底是什么，是不是真的把国门关起来？

九、充满争议的"闭关政策"

洪任辉事件后，清王朝正式宣布放弃对西方世界开放的政策，明确实施闭关政策。然而，对于闭关政策，有四个问题必须澄清。

第一，闭关政策并非乾隆帝一声令下就执行的，而是一项系统工程。它始于乾隆中叶，部分政策措施在嘉庆、道光年间延续并有所扩大。

第二，闭关政策并非关闭国门，不与海外往来，而是对中外交往进行较严格的限制，主要针对中西贸易及其衍生的一系列关系。

第三，在开放的通商口岸上，对西方世界只保留广州一口，也就是"一口通商"。这么做，既是为了防范洋人，借重粤海关外事经验丰富的优势，也是由于外贸利润丰厚，当地利益集团抱团游说朝廷的结果。

"一口通商"格局，并不意味着以前"四口通商"体制的结束。厦门、宁波、松江仍然开放，但贸易对象不是西方列强，而是日本、朝鲜等国。然而，日本颁发了锁国令，自己把自己封闭了；朝鲜跟中国的陆路贸易更加方便。因此，这三个口岸虽说名义上是开放的，实际上跟封闭没什么区别。

第四，闭关政策不光是针对外国人，也针对中国人和海外华侨，总之，就是对洋人态度强硬，对中国人防范有加，对华侨六亲不认。

先说防范外国人。

乾隆二十四年（1759年）十月二十五日，李侍尧吸取了洪任辉事件"总由于内地奸民教唆引诱，行商通事不加稽查所致"的教训，建议永定章程，隔绝中外。为此，他起草了"防范外夷五事"，得到清廷的迅速批准和执行。据《中西纪事》载，"五事"如下：

> 一禁夷商在省住冬；二夷人到粤，令住洋行，以便管束；三禁借外夷资本，及夷人雇请汉人役使；四禁外夷雇人传递消息；五夷船收泊黄浦，拔营员弹压。

就这样，洪任辉告状非但没达到减少粤海关陋规与限制、增开通商口岸的目的，反而陷入更严密的束缚之中。"防范外夷五事"成为清中叶闭关政策的重要组成部分。

此外，为了维护"天朝"尊严，清朝官府在约束在华西方人的行为方面，已经到了无所不用其极的地步。据许地山《达衷集》载，乾隆五十九年（1794年），两广总督长麟在啵啷呈禀的批复中，允许"每月初三、十八两日，夷人若要略为散解，应令赴报，派人带送海幢寺陈家花园，听其游散，以示体恤。但日落即要归馆，不准在被（彼）过夜。并责成行商严加管束，不准水手人等随往滋事"。嘉庆二十一年（1816年），广东地方官府规定，在商馆居住的外国人，只能在每月初八、十八和二十八这三天，"准其在附近游散一次"。

道光十五年（1835年）又重申此规定，要求每次游散人数不超过十人，限申刻回馆，不准在外住歇饮酒。就连外出散步、吃饭都要规定时间和区域，不准乱跑。洋人在广州商馆办事，形同坐牢。

乍一看，这些约束性措施似乎不近人情，但如果站在清朝统治者的立场上看，既有限制和防范之意，也有维护国家主权和安全的考虑。从《清高宗御制诗五集》中可以知道，乾隆五十二年（1787年），乾隆帝曾表达对于未来中西关系的担忧："间年外域有人来，宁可求全关不开，人事天时诚极盛，盈虚默念惧增哉。"在他看来，虽然目前清朝国力强盛，但是将来一旦国力衰落，中西关系的危险性将会放大，给清王朝的统治带来不稳定因素。因此，本着"谋万世"的一厢情愿，他宁可闭关不开，以排拒外来势力。

不过，这些措施客观上对外商的人身和财产安全起到了保护作用。据《中国近代对外贸易史资料》载，曾在广州商馆居住，后来撰写《广州番鬼录》（*The Fan Kwae at Canton before Treaty Days, 1825-1844*）的亨特（W. C. Hunter）有过如此感慨："在这里，由于生活情况的特殊，由于与被指定同我们做买卖的中国人交易顺利，他们的诚实，再加上个人与财产的绝对安全感，每一个在广州居住过的外人，当离开广州时，心中没有不产生流连惋惜之情的。"

跟约束洋人的措施相比，约束中国商民的措施更加严酷。我们就拿造船举例。

康熙二十三年（1684年），清廷规定，中国商民只许用五百石以下的船只出海贸易，商船禁用双桅。康熙四十二年（1703年），清廷放宽了相关限制，允许商船使用双桅，但"其梁头不得过一丈八尺"。然而，比起郑和下西洋的宝船，还是小得多。

难道清王朝的造船产业真的退步了？也不全是。据《中国近代对外贸易史资料》载，18世纪的中国还是造出过大型洋船的，"船用三桅，桅用番木。其大者可载万余石，小者亦数千石"，用于远洋贸易。不过，这样的商船凤毛麟角，建造上也多有限制。到道光年间，中国商民远赴海外贸易的船只，载重量一般只有200吨左右。道光九年至十年（1829—1830年），中国共有18艘商船赴新加坡贸易，总吨位为3713吨。而据《东印度公司对华贸易编年史》载，1831年英国东印度公司来华商船25艘，总吨位29619吨，船均载重1184吨，最大的商船"劳瑟炮台号"，载重量达1562吨。

此外，从康熙末年起，清廷还禁止将中国本地造的船只卖到外国。这些限制性措施不仅使中国的造船产业主动退出了国际造船市场，而且严重阻碍了中国造船产业引进吸收先进技术，提高自身产品水平，逐步完成原始积累的历史进程。等到鸦片战争打响，无论是清军的水师，还是普通的商船，面对洋人的坚船利炮、大吨位货轮，都难以招架。曾经的海洋大国，变成了海洋弱国。

至于旅居南洋的华侨，清廷的态度就更加糟糕了。"四口通商"后，偷渡到南洋或在南洋谋生、久居的中国商民有增无减。康熙帝听说，久居噶喇吧的华人超过万人，居住吕宋的也有数千人。他非常担心这两地形成"海贼之薮"，变为海外反清基地。

康熙五十六年（1717年），清廷颁布了禁南洋令，禁止东南沿海的商民出海做生意，只是被动地接待送上门来的外国商船。同时规定商民出洋贸易，以三年为限，三年不归，不准再回原籍，"以后私去者，不得徇纵入口"。即便如此，许多商民为谋生计，仍久居海外。据《皇朝文献通考》载，虽然在雍正五年（1727年）取消禁南洋令，但朝廷对出洋商民反而更狠了："方今洋禁新开，禁约不可不严，以免内地民人贪冒飘流之渐，其从前逗留外洋之人，不准回籍。"不给缓冲期，干脆不管了，让他们有国难归，有家难回，只得客居异域，成为侨民。

这样一来，华侨就成了清朝皇帝眼中的弃民。回到原籍，要么失去谋生机会，要么被逮捕盘问，甚至以"私通外番而被判为汉奸，杀掉脑袋"。如果经年不归，按照儒家传统，不仅不忠不孝，而且由于失去了祖国的保护，在海外生活的安全感顿失。清廷的断然限令，客观上纵容了西方殖民者对华侨的歧视和迫害。乾隆五年（1740年），荷兰殖民者在巴达维亚发动了红溪惨案，大规模屠杀当地华人华侨。

不可否认，清廷曾下令解除迁界禁海，开放"四口通商"，促进了沿海地区对外贸易的大发展。然而，闭关政策的出台，使东南沿海其他口岸及其商民的对外贸易原地踏步，失去了推动中国经济，特别是产业结构实现跨越式发展的历史性机遇。在清前期特殊的政治环境中，中国的对外贸易"成也政策，败也政策"，决策层的意志发挥了决定性作用。

戴逸在《清代乾隆朝的中英关系》中如此描述：

> 让我们翻开十八世纪的历史，我们今天感受得最为深切的历史失误就是造成了闭关锁国形势的清王朝的对外政策，这一政策使中国与当时日益奔腾前进的世界历史潮流绝缘隔离，延误了社会的发展，我们的国家和民族为此付出了沉重的代价。

戴逸先生说的"沉重的代价",是从鸦片战争开始的。而中英冲突的爆发,早在鸦片战争之前,就已经初现端倪了。律劳卑事件,就是最典型的案例。

十、律劳卑事件:闭关时代的中英贸易摩擦

道光十四年(1834年)初秋,三艘英国战舰闯入珠江口,跟沿岸的清军炮台交火。一时间,硝烟弥漫,炮声隆隆。

难道鸦片战争就这样打响了吗?当然不是。鸦片战争爆发于道光二十年(1840年)。而英军对珠江三角洲进行全面进攻和登陆作战,则是道光二十一年(1841年)的事了。

没错,这只是一次军事冲突,是19世纪前期中英两国多次贸易冲突中的一次。为什么要在讲述鸦片战争之前,专门讲讲它?

清前期的中英贸易,主要是英国东印度公司在跟中国打交道。1833年,英国议会通过《特许状法案》,东印度公司的对华贸易垄断被打破了。这在中英贸易史上是个大事。

此前二三十年里,中英两国商人的摩擦,英方都是派东印度公司出面跟中国官府交涉,缺乏国家力量作为后盾。只要清朝官府动用停止贸易相威胁,经济利益至上的东印度公司就被迫乖乖就范,每次都搞得很狼狈。如今,东印度公司风光不再,贸易摩擦的事,就得靠英国政府直接出面了,这或许会对英方在交涉方面有利一些。于是,12月英国政府签发文件,宣布成立英国驻华商务监督署,任命威廉·约翰·律劳卑(W. J. Napier)为首任驻华商务监督。

考虑到这位律劳卑先生的本业,只是海军军官和养羊业主,跟

中国没打过交道，对中国国情一无所知，英国政府又安排德庇时（J. F. Davis）和罗治臣（G. B. Robinson）作为第二、第三监督，当律劳卑的左膀右臂。这两位都在东印度公司驻广州特选委员会担任过大班，拥有跟中国官府交涉的经验。

不仅如此，英国外交大臣巴麦尊勋爵（H. J. T. Palmerston）还专门吩咐律劳卑：到达中国后驻在广州，设法与中国人保持友善关系；"到广州后应立即以公函通知总督"；在写给中国官员的书信中，不要使用威吓性的用语，以免构成冒犯；非必要时，不要向皇家海军求助；不要干预英商的鸦片贸易。可是，律劳卑似乎没当回事。

第二年7月，律劳卑乘船抵达澳门。

作为清朝闭关政策的一项规定，除外国商人与大班，其他外国人未经许可，一律不得进城。两广总督卢坤也循例传谕广州行商，转告律劳卑务必遵守《大清律例》和贸易规则，不可擅进广州。可是，传谕尚未送达，律劳卑就在英商查顿的招待下，径自前往广州，入住英国商馆。在中国官府看来，这肯定是违规的。

作为清朝闭关政策的另一项规定，外国人写给中国官府的信件，不仅要由行商代为转呈，而且一律用禀帖形式。可是，律劳卑完全无视"入乡随俗"的惯例，不但直接派下属向两广总督卢坤投递一封说明来意的"公函"，强调自己是来保护和促进英国贸易的，根据需要行使政治与司法权，并希望面见两广总督，而且行文用了"平行款式"，自称"大英国"的"正贵大臣"。

这么做，在当时的清朝官府看来，简直是胡来。不但没人敢收信，而且惹怒了卢坤。7月30日和31日，两广总督衙门连发两道谕令，以律劳卑不请自来、违反旧例为由，由行商传谕，勒令其立即离开广州。如若不走，传谕的行商要被处以极刑。

可是，律劳卑并没觉得自己这么做有什么问题，反倒是遇上两件不愉快的事。一是清朝官兵搜查他的行李时，把行李箱捣毁了；二是他的名字被翻译成"劳卑"，大意是辛劳卑微之人。作为苏格兰贵族，在英国他哪里受过这样的窝囊气呀！于是，他把行商伍秉鉴费尽周折联系好的跟卢坤的会见活动，直接拒了。他这么做，让卢坤更加生气。几天后，行商就给律劳卑带来了新消息：总督大人准备停止中英贸易。

律劳卑一看，好啊，又来这一招啊！真是一招鲜吃遍天啊！他一面雇人在广州到处张贴告示，不仅指责卢坤，而且扬言清廷一旦停止贸易，最终受害的将是全中国的民众，一面致信巴麦尊，为自己辩解，建议对中国动武。可是，巴麦尊的回信还没收到，卢坤的传谕先到了。中英贸易果然全面暂停，给英国人打工的中国人全部撤走，没人再给岸上的英国人提供任何吃喝。接着，就连律劳卑居住的英国商馆，也被卢坤派的兵丁包围了。

卢坤的强硬，并没有让律劳卑服软。他一反此前英国东印度公司见贸易中断就屈服的惯例，发表声明，叫嚣交战，把战争的责任全部推给清廷。接着，两艘护卫舰和一艘巡逻艇，挂着米字旗开进了珠江口，向清廷示威。

需要说明的是，这是律劳卑手头能指挥的全部军事力量。

在闭关政策的窝憋下，清军的海防战斗力果然跟不上时代步伐。虽然清军的炮台和水师先是鸣空炮示警，然后开火轰击，但在两次炮战中，非但没占到什么便宜，反而多个炮台被摧毁。三艘英舰轻易地抵达了黄埔港。

英国舰艇在中国的内河如入无人之境，这让卢坤非常紧张。他随即下令将十二艘大船沉于江底，阻碍英舰前行道路，又从各地调集二十八艘舰船和一千六百名士兵，包围内河。这样一来，形势瞬间逆转，英舰进退失据，陷入困境。

战端一开，律劳卑是出了口恶气，但损失最大的还不是中国商人，而是那些从事正常贸易的英商。贸易断了，有的交易只进行了一半，要么货没收到，要么钱没收到，搞得资金链紧张，信用违约事件层出不穷。他们纷纷埋怨律劳卑惹是生非。这时，卢坤又装起了好人，向他们承诺：只要律劳卑离开广州，便可恢复贸易。

卢坤不分国籍，不分敌我，只要能利用的资源全部用上，目的就是孤立律劳卑，将他置于死地。卢坤的表态果然起了作用。这些英商还要在中国做生意，当然不敢得罪父母官，便转而请律劳卑离开广州。

军事上进退维谷，政治上众叛亲离，律劳卑只好放下高贵的身段，离开广州，回到澳门。清军也遵照双方达成的妥协，对三艘英国军舰网开一面，目送他们离开珠江口。中断了近一个月的中英贸易，随即恢复。

律劳卑在中国的首秀，不但演砸了，而且还把自己搭了进去。由于不适应中国南方的湿热天气，加上为中英纠纷一事操劳，律劳卑染上了疟疾。又因他不听医生多休息的劝告，导致病情恶化。就在离开广州十多天后，他在澳门病逝，享年四十七岁。临终前，他依然抱定一个信念：只有战争才可以解决中英贸易纠纷。

这场历史上被称为"律劳卑事件"的中英冲突，产生了多重影响。清朝官府又获得了跟英国人交涉的"新招"：在停止贸易的基础上，只要封锁商馆，就能让英商屈服。律劳卑的继任者德庇时也认识到，贸然挑战广州的闭关政策，是一件蠢事。于是，他一反律劳卑的做法，而以保持"绝对沉默的态度"，尽量不触怒广州官府，来维持现有的贸易利益。

"保持沉默"的做法虽然管用，但很没面子。尤其在英国东印度公司失去垄断权后，英商个体根本无力跟广州的行商讨价还价，在正常贸易中，只能以更高的出价购买中国货。很多英商认为，要改变这一局面，必须取消广州贸易体制中的限制性要素，进一步打开中国市场。和平打开中国市场的尝试，持续了近百年，从商人洪任辉上访，到马戛尔尼、阿美士德两位英国特使访华，再到律劳卑的强硬做派，都没成功。看样子，只能动粗了。律劳卑事件的"屈辱"，坚定了他们的主战意愿。

1836年6月15日，查理·义律在巴麦尊的支持下，取代德庇时，出任新的英国驻华商务监督。他放弃德庇时的沉默政策，也拒绝采用律劳卑的执拗做法，不惜放低身段，按照清朝官府的要求，呈递禀帖，来换取时任两广总督邓廷桢的承认，允许他进入广州。他采取这样的合作态度，是为了掩护鸦片贸易。

只有鸦片贸易，才能改变当时英国在中英贸易中处于逆差的不利境地，才能让英国政府从中英贸易中获取源源不断的税收，从而尽可能不动武。然而，就在这个节骨眼上，中国发动了一场轰轰烈烈的禁烟运动，英国在鸦片贸易中攫取的巨额经济利益受到冲击，中英战争一触即发。

这几本书值得读一读：

1. 朱雍：《不愿打开的中国大门：乾隆时期的中英关系》，南昌：江西人民出版社，1989年。

2. ［英］加文·孟席斯：《1421：中国发现世界》，帅研群等译，北京：京华出版社，2005年。

3. 晁中辰：《明代海禁与海外贸易》，北京：人民出版社，2005年。

4. ［德］贡德·弗兰克：《白银资本：重视经济全球化中的东方》(第2版)，刘北成译，北京：中央编译出版社，2008年。

第六章
跨越城乡

乾隆五十五年（1790年），乾隆帝八十虚岁，正式进入耄耋之年。

万寿庆典的奢华和喜庆，令这位号称"十全老人"的皇帝非常开心。康熙、雍正、乾隆三代皇帝接力赛般的努力，使清王朝保持了长达一个多世纪的社会稳定和经济繁荣。天天都有好消息，唯独这天的消息，让老皇帝很不愉快。

不好的消息来自内阁学士尹壮图。据《清史稿·尹壮图传》载，他在一份奏折里写道："各督抚声名狼藉，吏治废弛。臣经过地方，体察官吏贤否，商民半皆蹙额兴叹，各省风气，大抵皆然。"

对于乾隆帝来说，这是非常严厉的说法了。如果尹壮图描述的现象属实，那就是打脸"康乾盛世"。官场风气严重败坏，到了所有人都觉得没治的地步。

作为传统社会的最后一个黄金时代，康乾盛世为什么会演化到"蹙额兴叹"的状态？清王朝究竟怎么了？

既然尹壮图生活在城市里，尹壮图讲的吏治败坏也发生在城里，尹壮图说的"蹙额兴叹"的商民，也免不了要到城里做买卖，那就让我们走进城市，走进市民的生活，以此作为切面，来看看明清时代城里的事。

一、清江兴衰：活跃在运河上的市镇

清嘉庆十三年（1808年），淮安府山阳县发生一起命案——奉旨查赈的朝廷命官李毓昌离奇死亡。案发现场虽然是上吊自杀的景象，但还是留下了诸多破绽。此案惊动嘉庆帝，经过多方查证，确认是知县私吞赈灾银两，担心罪行败露，买通李毓昌的仆人将其毒死。由于案情跌宕，故事曲折，人称"淮安奇案"。

每每读到这个案子，人们都为案情所吸引，却忽视了一个事实：引出故事的这次洪涝灾害，为什么会发生在淮安？这座城市又为什么得名"淮安"？

说到淮安，必须先讲个地名。在清代，它比淮安更出名，更重要。它就是"清江浦"。

清江浦，原本是江苏清河码头到山阳县之间的运河名，最早可追溯到春秋末期。当时，吴王夫差为了打仗运粮，修通了人工运河邗沟，起点在今天的扬州，终点就是今天的淮安。没承想，这条军事运道，竟成为隋炀帝大运河的基础，不经意间沟通了长江和淮河两大水系，也就使淮安成了南北水路交通的枢纽。不过，时至宋元，黄河夺淮入海，运河改道，这里风光不再，逐渐淤塞。

明成祖迁都北京后，面临一个很大的难题，就是如何养活北京的百万官民和军队。华北土地贫瘠，粮食难以自给，只能仰赖江浙地区每年向北方供应的五百万石粮食。以郑和时代的海船运载水平，走海运效率当然高，无奈倭寇为患，海运并不安全。因此，朝廷又想起了元朝的大运河，准备将其疏浚，成为沟通南北的重要运输动脉。

然而，当时的大运河有个缺陷。江南的粮船到达淮安后，由于河道淤塞，无法直接进入淮河，而要就地卸船，改水运为陆运，经过五座堤坝后，再重新装船进入淮河。如此一来，工作量巨大，成本高昂，效率很低。

　　永乐十三年（1415年），漕运总督陈瑄吸收当地群众意见，动用人力疏浚沙河，开凿清江浦河道，从淮安城西的管家湖引水入淮。同时，修筑四座闸门用于防洪。这样，江南运粮船队可以经由清江浦，直达淮河，再一路向北，直达京城。运输成本大大降低，效率显著提高。于是，海运被彻底放弃，沿运河的粮食运输成为供应北方食品需求的主渠道，历史上称为"漕运"。

　　由于运道的疏浚，南来北往的船只越来越多。不光是运粮的，还有做生意的，旅游的，跑公务的，大多会在这里停下来歇歇脚，甚至卖东西。清江浦河两侧也就自然形成了新的城镇。人们便以清江浦命名这座因运河而兴起的新城市。

　　然而，好景不长。到了明代中叶，黄河几次决口后，彻底形成了"夺淮入海"的地理格局。淮安清江浦以北的京杭运河，不仅日益淤塞难行，而且容易造成断缆沉船的事故。这样，就使清江浦以北的运输能力明显削弱。

　　有限的运输能力，在朝廷看来，当然要优先保障漕运。因此，清朝官府规定，清江浦以北的运河，只允许漕运船、贡品船和巡河船通行，其他北上船只都必须在清江浦的石码头就地停靠，所有旅客和物资卸下，改走陆路；南下人员，则到清江浦的清江闸以南登船。这样的交通方式就叫"南船北马"。

　　清廷的这一规定，使清江浦的石码头成了"九省通衢"。而清江浦，乃至淮安府，成了"舟车日夜绕城行"的"襟喉南北处"。清江浦的发展迎来了前所未有的机遇。比如由南向北的货物，用《光绪丙子清河县志》的说法，要在这里"一停""一顿""一周转"，"船一靠岸，千车万担"。很多就业机会和新的行当，因清江浦的枢纽地位应运而生。比如雍正年间，光在石码头注册登记，持证上岗，专门为往来旅客服务的脚夫就有1.2万人之多。

运河给清江浦带来的，不光是商机，更是繁华。

首先，政治地位非同一般。河道总督、漕运总督、淮扬道员、淮扬镇总兵、清河知县，都曾在这里驻节。一座城市曾经容纳省级、地级和县级军政长官的衙门，也是一大奇观。甚至到光绪末年，这里还成为旋设旋废的江淮省的省会，设置巡抚，管辖江苏北部。如此众多的政权机关在清江浦开衙办事，足以体现这里的重要性。

其次，人流密集，格调很高。乾隆四十年（1775年），清江浦的人口达到五十四万，超越同时期的汉口、江宁（南京）。以清江浦和淮安府城合体构成的清代淮安，与扬州、苏州、杭州并称"东南四都"，相当于今天所说的"准一线城市"。与其他三座城市不同的是，清江浦的兴起，全赖运河。

第三，商业繁华，人文荟萃。清江浦位于两淮核心地带，具有漕运、盐运、河工、榷关、邮驿的多重优势，形成了"帆樯衔尾，绵延数里"的壮观景象。官宦显贵、富商大贾、文人墨客，都在这里换乘交通工具，促进了茶楼酒肆的庞大消费，也留下了文化底蕴和历史印迹。以顽劣著称的明武宗朱厚照，南征途经清江浦时，看到这里鱼翔浅底的景象，大喜过望，不顾众臣阻拦，执意驾舟捕鱼，结果风大浪急，跌入水中，落下病根，不久去世。清江浦不仅以独特的交通地位改变了自己，还改写了明王朝的历史。

在中国人眼中，清江浦呈现着"南艘鳞集，商有兴贩之便"的盛景，而在洋人眼中，清江浦同样有着无穷魅力。乾隆五十八年（1793年），英国特使马戛尔尼率团回国，被乾隆帝特许沿运河南下。途经清江浦时，使团成员安德逊在回忆录中写道："我们在一座大城市附近抛锚，并受到鸣炮欢迎，无数条帆船停泊在码头。这是哪座城市？"使团副使托马斯·斯当东更是惊叹清江浦是"巨大的城市，多得令人难以置信的帆船和百姓"。

其实，明清时期，像清江浦这样借助时代的快车，迅速成长起来的城市还有不少。主要呈现三方面的特色：

一是各路文化交融。即便是贵为帝都的北京，也创造性地吸纳了各地文化的精粹，形成了独具特色的西郊皇家园林。比如圆明园，既有江南园林的别致，也有西洋建筑的高雅，还有北方宫廷建筑的雄浑，是世界建筑文化的集大成者。

二是产业改变城镇。越来越多的农民放弃耕种，进入作坊打工，手工业因此成为很多新兴城镇的主导产业。比如松江，范濂《云间据目抄·纪风俗》中如此描述："郡中旧无鞋店与蒲鞋店，万历以来，始有男人制鞋，后渐轻俏精美，遂广设诸肆于郡治东。"制鞋业在松江的发展，是以松江周边区域棉纺织业发达和棉花大量种植为产业基础的。手工业的产业升级，改变了松江的城市经济结构。

三是特色小镇崛起。运河的交通之利，带动了济宁、东昌、临清、德州、沧州等沿线城镇的繁荣。手工业的发达，带动了盛泽、王江泾、菱湖、乌镇、安亭等一批江南水乡小镇步入千户规模。以这些小镇为中心，串联周边乡村，形成了手工业品和农副产品交易网络，为清前期全国性市场的形成打下了良好基础。

清江浦的兴盛，得益于运河，清江浦的衰落，也缘于运河。

咸丰年间铜瓦厢改道后，黄河不再"夺淮入海"，两淮地区的运河河段失去了重要水源，泥沙逐年淤积，无法冲刷，渐渐堵塞河道，造成运河断航。

同时，道光年间漕粮改海运，以及清末津浦铁路的修通，削弱了清江浦作为交通枢纽的优势地位，导致客流量锐减。受此影响，当地经济迅速衰退。

一个城市的衰落，主要有三方面表征。首先是人口规模和外来人口导入的情况，其次是经济辐射带动范围和能力，第三是政治地位和影响力。从这三点看，清江浦确实在近代走进了死胡同。

先说人口。清江浦从最高峰时的54万人，锐减至宣统三年（1911年）的10万人，到1949年新中国成立时，只剩3.6万人。

再说辐射范围。清末民初的清江浦"逮海道大通，津浦筑路，舟车辐辏，竞赴捷足，昔之都会遂成下邑"，"俯仰数十年间，有风景不殊之感焉"，由全国性交通枢纽降格为苏北的区域性商品集散地。

然后说政治地位。清代设立的那些头头脑脑的机构，到清末新政期间几乎全被裁撤，至民国初年，剩下的只有县政府之类的常规机构，跟一般的县市已无区别。在大城市官场风云诡谲之际，清江浦这座曾经冠盖云集的大城市，几乎被人们遗忘了。

除此之外，还有几个要素不可忽视。

运河失修削弱了当地抵御洪灾的能力，民国时期的多次水灾，特别是1938年花园口决堤，给清江浦带来的破坏都是灾难性的。

原先靠运河飞速发展的产业，随着交通地位的削弱而走向凋零，而新的产业还未育孕，清江浦便失去了发展后劲。

太平天国、捻军、军阀混战，使清江浦及其周边城乡经受了一轮轮洗劫，"人民惊走，闾里为墟"。

长期靠运河发家致富，使当地民众对官府和自然环境有着习惯性的依赖心理，即便经济环境巨变，也宁愿抱着固有的生活状态，不愿有所变化。这种"乐安居，惮远行"的保守心态、懒散做派，造成了当地经济转型的深层次障碍。

如今的江苏，苏北经济仍落后于苏南，或许正是运河萧条导致清江浦衰落所带来的后遗症。

二、市民阶层：家家有本难念的经

顺治六年（1649年），北京。

亲政前的顺治帝，大权旁落，他能做的，只是每天读书、吃饭、睡觉。当然，读书有老师，有伴读，是个性化辅导；吃饭全是山珍海味，但再好的菜也只能吃一口；睡觉有妃子侍寝，太监伺候，但一切都被史官记录在案，毫无隐私可言。用顺治帝自己的话说，他是世界上最不幸的孩子，尽管普天之下的百姓，没人会相信这个说法。

多尔衮作为摄政王，大权独揽。他每天要看来自全国各地的大量公文，见各衙门的官员，替皇帝草拟各种上谕，还要抽出时间去打猎。尽管生活待遇比照皇帝，但他还要时刻关注满洲贵族们的动向，提防他们的任何反叛企图。相信他晚上是睡不好的。

范文程是汉军旗人，每天一大早就要到皇宫上班。作为大学士，他每天需要处理大量公文，将草拟贴在奏章封面，呈报摄政王。他几乎天天加班，幸好住在内城，有人抬轿，倒也不累。回家以后，他结交朋友，夜夜宴会，抽空还要练练书法，附庸风雅。而他的汉族同僚，由于跟汉族百姓一道被多尔衮驱赶到外城，每天天不亮就得起床去上班，天黑方能到家，终日不见阳光。

汉军旗人张三，住进了国家在西四给他分配的房子，突然发现一旦不用打仗，自己在这个城市没有任何谋生技艺，只能靠国家俸禄度日。他是这个城市最闲适、最空虚的人。斗鸡、遛鸟成了他为数不多的业余爱好。当顺治帝由于打仗而挪用本该发给他们的俸禄时，他便领着一群弟兄一哄而起，跑到衙门里闹事，因为失去了俸禄，他便一文不值。

店铺伙计李四住在白纸坊，在五金行打工。住得挤，吃得差，工钱薄，白天要看掌柜的脸色，晚上还要看老婆的脸色。他最热衷的，就是到天桥逛街看热闹。康熙十二年（1673年），京城人杨起隆自称"朱三太子"，率众造反。李四稀里糊涂地跟着凑热闹，幻想趁乱在当铺里抢点钱。结果起事失败，李四见势不妙，扔下银子，扭头就跑，躲过了官府追捕。不过，并非所有的市民都像他一样过得平淡无奇。

这里举个苏州的例子。明万历二十九年（1601年），由于朝廷税监孙隆横征暴敛，造成苏州很多作坊被迫停工，织工、染工失业。织工葛贤率领失业市民围殴孙隆，将其党羽打死。尽管葛贤自首入狱，但在各界压力下，地方官非但不敢杀他，反而在关了他十二年后，将其释放。葛贤事件只是城里"官逼民反"的一例，但体现了中下阶层市民在经济利益上的诉求。他们是城市权力架构中的配角，也是城市日常生活中不可或缺的主角。

上面这些人，都是"市民"，其实就是在城市居住和劳作的居民。与现代意义的市民相比，除了缺少公民意识，一个更显著的特点，是他们与乡村并未完全脱离关系。

不少市民在乡村有宗亲，有田产，有妻室，死后要葬在乡村。城乡在血缘和经济上的界限似乎有些模糊。但可以肯定的是，他们会在城市为他人提供服务，同时也在享受着他人的服务。即便贵为有权尽享天下荣华富贵的皇帝，也要以勤政和决策的方式为他的国家和民众服务。只不过，不同阶层的市民，服务和被服务的方式差异显著。

可以说，他们生活在不同的世界里。

然而，正是他们的存在和生活，带动了明清城市的进步。

三、区域商帮：游走天地间，汇通大中华

> 欲识金银气，多从黄白游。
>
> 一生痴绝处，无梦到徽州。

明万历三十六年（1608年），剧作家汤显祖专程来到徽州休宁县城附近的汪村，拜会神交已久的同行汪廷讷。踏进汪家宅院坐隐园，汤显祖被眼前的景象惊呆了：亭台楼阁，鸟语花香，浓缩了黄山之奇、白岳之伟、水乡之灵，好一座建筑精巧、富丽堂皇的梦中

之园!

一个普通的剧作家，何以建得起如此豪华的园林？汤显祖突然记起，江廷讷是远近有名的大盐商，还因此当过朝廷的盐运使。他不得不佩服眼前这个既有雅兴写剧本，又有头脑赚大钱的世外高人。于是，生发出几分嫉妒，几分遐想，才有了这首《游黄山白岳不果》诗。

汤显祖有些疑惑，是什么让徽州人舍弃眼前梦境般的安乐窝，四处经商赚钱？是什么打造了这样一个地域性的商帮，在中华大地叱咤一时？

其实，这正是商业的魔力。汪廷讷只是众多徽商中的一员，而包括徽商在内的明清时代中国十大商帮，叱咤风云数百年，成为推动中国前近代经济滚滚向前的重要民间力量。

这十大商帮分别是山西晋商、徽州徽商、福建闽商、广东粤商（分广商、潮商和客商）、江西赣商、洞庭（今苏州太湖的洞庭东山和洞庭西山）苏商、宁波浙商、山东鲁商。其中，晋商、徽商和潮商势力最大、影响最广泛。

重点说说徽商。

徽州看起来挺好。地跨皖、浙、赣三省，群山环抱，三省的官府都想管，都管不了；降水丰沛，植被茂密，景色宜人；物产丰饶，盛产木材、茶叶、香菇、桐油、山笋等。

徽州也有软肋。物产种类不足，无法完全自给，粮食、丝绸、布匹不够用，食盐则完全依仗外地；"地狭人稠，耕获三不赡一，即丰年亦仰食江楚，十居六七，勿论岁饥也"，依靠农耕难以养活自己。经济资源"结构性失调"。

再美的景色也不能当饭吃。徽州人不得不走出大山，跟外界互通有无，靠农耕以外的收入维持生计，进而将原本投向土地的资金转入来钱更快的商贸活动。

徽州人的致富梦，全都寄托到那个给力的好邻居了。它就是长江三角洲。

10世纪以来，这片位于长江尽头的河汊纵横之地，就是中国人口最稠密、经济最发达、文化最昌盛的地区，物产丰富，市场广阔，既能大量给予，又能巨量索取。徽商求之不得。

徽州群山环抱，山路艰险，不通车马，旱路曲折。徽商就扬长避短，用水路搞运输。或沿新安江而下，经富春江、钱塘江，直抵杭州，进入浙江最富庶的杭嘉湖地区；或由青弋江进入长江，顺流而下至南京、镇江、扬州。两条水路，一南一北，顺流而下，把徽州出产的竹、木、石料、药材、纸、茶叶等物资轻松外运；把丝绸、百货等相对价高质轻的商品便捷地溯江而上，运回徽州。

于是，徽州和长江三角洲形成了资源优势互补的共同体，并借由长江三角洲的地缘条件，实现了祁门"上接闽广，下连苏杭，行旅舟楫，往来络绎"，歙县"接于杭、睦、宣、饶，四出无不通"的畅达景象。徽商们把本地出产的木材运至杭州销售，也把四川、湖南、江西等地的木材贩卖到芜湖、南京、苏州等地，由土产内销和外产内销，逐步发展到外购外销，实现了贸易形式的跨越。长江下游的当铺一度为徽商垄断，当铺的主要客户要么是急需资金周转的商人，要么是家境每况愈下的富户子弟，徽商的触角从传统行业伸进了民间金融业。

明代成化年间，徽商的经营范围急剧扩大，到了"其货无所不居，其地无所不至，其时无所不骛，其算无所不精，其利无所不专，其权无所不握"的地步，资本日趋雄厚，形成了以盐业、木材、典当、茶叶四大行业为主体的经营格局。

食盐事关百姓三餐，虽本薄，但利厚。早在西汉，盐业就已由官营垄断，成为暴利行业。明清时代，两淮盐业最盛，而又以徽州盐商实力最为煊赫。他们依靠日积月累的巨额财富、无比敏锐的商业嗅觉、工于心计的公关打点，抢得了尽可能多的盐引，从而握有大量的售盐配额，成为南方盐业市场的大哥大，并把盐业做成龙头行业。

得天独厚的地理优势造就了徽商在盐业市场的垄断地位。当时南方主要行销淮盐，产地在苏北沿海，离京杭运河不远。徽商云集的扬州，恰在大运河和长江的交汇点，与常受水旱灾害而淤积的运河山东段不同，这里航运便捷，运输量大，正常情况时畅通无阻；扬州附近的运河沿线城镇，河汊纵横，完全有能力借此将食盐运往各地。

乾隆年间，歙县大盐商江春总理盐务四十余年，家资两千余万两白银，还拥有二品布政司头衔，"以布衣交天子"，与乾隆帝交情颇深。据说，这一时期扬州从事盐业的徽商资本多达四五千万两。这是盐商日子最好的年景。

徽州多山，植被茂密，盛产杉木。徽州木材商以婺源人为主，每到冬季，他们就组织百姓进山伐木，待到梅雨季节河水上涨之时，便利用水力运载出山，远涉江湖，运往千里之外自产不足而又急需木材的京城或江南。清代中叶，放眼长三角，无论是南京的上新河，还是苏州的枫桥，抑或是杭州的钱塘江畔，徽州木材商从长江上中游乃至云贵深山里靠浮水运来的木材，顺流而下，气势如虹，蔚为壮观。

木材虽然没有专卖，造成人为的资源稀缺，但木材商照样名利双收。他们利用替皇宫采买木材之机而致富。万历年间，朝廷修缮乾清宫、坤宁宫，徽州木商上下打点，获得采办资格，并借此走私木材。徽州木商王天俊贩卖木材数千万根，偷逃税银五六万两。天启年间，歙县人吴养春在黄山占有两千四百多亩山场，每年仅木材一项就收银几万两。朝廷修建宫殿，就用他的木材。

淮河以南的典当业，从明代到清中叶，一直是徽商垄断的。典当虽然交易不对等，但有助于周转资金，调剂缓急。当铺虽小，但获利稳定。徽商凭借资金和人脉，在明清时期的典当业一枝独秀，甚至有"无典不徽"之说。清代歙县许氏在江浙地区开有四十多处当铺，从业人员近两千人。清末上海六十九户典当行，徽商所开者达三十户，还首创当铺与衣庄联号经营，将典当期满不赎的衣物交衣庄标价出售的经营技法。

当铺里接生意的店员，常常称为"朝奉先生"。"徽州朝奉"是跟"绍兴师爷"名气相当的职业，以至于人们把徽州商人、徽州士绅都称为"徽州朝奉"。

饮茶不仅是中国各个阶层的时尚，更是17世纪英国上流社会的时尚。徽州是著名的产茶区，今天我们耳熟能详的"祁红屯绿"，说的就是徽州祁门的红茶和黄山脚下的绿茶，徽州茶商因这些优质茶源而迅速崛起。

16—18世纪，长江中下游、淮河以南地区以及北京的茶业市场，徽商势力最大。乾隆年间，徽商在北京开设茶行七家，茶商字号一百六十六家，小茶店达数千家。其中，森泰茶庄比较有名，煤市街培智胡同2号的四合院，见证了这座茶庄几百年的沧桑。

资源的垄断，仅仅是徽商取得成功的一个方面，是客观因素。徽商做生意，有着自己独特的致富体验，最成熟的生意经就是贱买贵卖和勤劳致富。

万历初年，苏州饥荒，大批徽商的粮船云集农业丰收的江西，等待低价采购粮食，到苏州卖个好价钱；万历四十八年（1620年），苏州粮价暴涨，饥民强借徽商稻米，遭到官府弹压，酿成上万人的闹衙事件。在这些事件背后，徽商都是赢家，利用的是资源和信息的不对称，凭借的是腿脚麻利、坚持跑长途商业贩运。

胡适曾回忆说，其祖上曾在上海川沙镇经营一家小茶叶店，本钱只有制钱十万文。由于祖上艰苦奋斗，逐渐积累，不仅发展了本店，还开了一家分店。到光绪六年（1880年），两家店的总值折合二百九十八万文，其收入足够一家二十多口人的衣食之需。很多徽商就是这样从无到有，点滴积累，勤劳致富。

无论是创业期还是富起来以后，徽商们坚持走南闯北。在胡适的印象里，徽州人出门远行，送行的人要早上请他吃饭，而后送他出村，直到村口桥头，远行人道谢作揖，即将开拔之际，送行的人都会说："徽州朝奉，自己保重。"走南闯北的徽商的确需要"自己保重"。他们常常身背口袋，装着徽饼充饥，装着绳索"万事不求人"——不仅可以应付行囊损坏、扁担破损等突发情况，而且在死期来临之时用于上吊。显然，所有投身商海的徽商，远行前都有两手准备：吃苦耐劳，破釜沉舟。

当然，徽商跟现代商人的很大不同，就是经商理念仍限于传统体制的框框里。明代中叶以后，徽商形成了读书、做官、经商三位一体的格局。徽商亦儒亦官，从而塑造了一派整体文化素质较高的商帮，儒家思想成为他们追逐商业利益时必须遵守的基本准则。因此，致富之后的徽商，会把余财转回故里，修祠堂，造宅院，建学校，修族谱，置族田，建书院，认祖归宗，造福桑梓。

这么做的好处，当然是反哺故乡。坏处也显而易见：一方面，叶落归根，反映出徽商有着强烈的宗族和地域观念，会成为其跨地域发展的羁绊，甚至拖后腿；另一方面，经商获利没有转化为扩大再生产，或者转型升级的资本，从而失去了将徽商由旧式商人转变为近代商人的历史契机。这样的契机，并非转瞬即逝，但在当时，很少有人意识得到。

和平年代、繁荣时期，伴随着经济成长，不动产价格总体也会上扬，成为抵御通胀的避险和投资工具；然而，当危机来临之时，如果过多的资金被固着在类似田产、房屋等不动产上，难以迅速变现，就会让这些商人面临资金周转失灵的困境，甚至灭顶之灾。危机时代，现金为王。

进入19世纪，当国内外经济形势骤变之后，徽商的好日子终于到头了。红顶商人胡雪岩的衰败，就是最典型的案例。

传统商帮被淘汰出局，新式商业类型不断涌现。中国经济就在新陈代谢、潮起潮落中走上了近代化的进程。

四、小官巨贪：现实版"官场现形记"

康乾盛世的繁荣和富庶，在当时全球都是首屈一指的。然而，这样的好运气到乾隆帝就到头了。皇位接班人嘉庆帝和道光帝，可没这么好的福分。乾隆后期，花钱如流水，把前期国库攒的几千万两银子花得稀里哗啦。就在他"完美交棒"（内禅）之际，川楚白莲教起事把康乾盛世背后的阴暗面全都翻了出来。朝廷费了九牛二虎之力，耗费数以亿计的饷银，才平定起义。此后，清王朝的财政一直处在紧绷状态下，不复盛世景象。

道光帝上台后，深知解决财政难题，只有开源节流。开源，意味着增加税收，不光老百姓不干，康熙帝定的"滋生人丁，永不加赋"的祖制、乾隆帝定的"一口通商"政策，使他既无法增加农业税，也不敢拓展海外商业收入。

开源有难度，那就节流吧。道光帝就从自己做起，从小做起，带头过节俭的生活。

当皇子时，他房间里除了桌椅床铺，什么家具也没有。烧饼就茶水，往往就是一顿可口的晚餐。当皇帝后，不光宫廷经费压缩了一半，全皇宫都过紧日子，而且连他的日常衣物，都是补丁摞补丁。

就是这样一位将省钱视为己任的皇帝，却时运不济。持续两年的鸦片战争，花掉了几千万两银子的军饷，到头来打了败仗，还得给英国人赔银子。黄河决口，灾民无数，治河赈灾，又是一笔庞大的开销。光靠道光帝辛苦省下的那点银子，根本不够用。看着白花花的银子如流水般消逝，这位年逾六旬的老皇帝，心里可谓打翻了五味瓶，个中滋味，一言难尽。

道光帝是这个帝国精打细算的好会计。在他的筹划里，就算花销再多，户部国库里总得留点钱当准备金，以备不时之需。这笔钱大概有一千万两，相当于朝廷每年财政收入的四分之一。万万没想到，道光二十三年（1843年），也就是鸦片战争结束后的第二年，京城曝出的丑闻，将道光帝脆弱的心理防线击得粉碎。

这年，负责看管户部银库的库兵张诚保，给侄子捐了个官。侄子把钱交到了户部，叔叔管过秤收钱，结果开了收据，钱却没收。这事瞒上没瞒下。管银库的小吏们因分赃不均，有人就把这事捅了出去。户部一查不要紧，问题越揭越多，最后扯出了一个惊天内幕：户部银库的实际存银，比账面少了九百二十五万两。这也就是说，所谓"准备金"，基本就是一笔空账。户部国库，给皇帝唱了一台空城计。堂堂一国之君，就是个穷光蛋。

听到这样的消息，道光帝的感觉，基本上算是五雷轰顶了。在谕旨里，皇帝一边感慨"实属从来未有之事"，一边痛骂涉案人员"丧心昧良"。刑部、吏部和步军统领衙门奉旨联合介入，对户部的官员和库兵不分昼夜地地毯式审查，得出的初步结论是：九百二十五万两银子绝非一人所偷，也非一次作案所得，但嫌疑犯基本锁定为户部银库的库兵。

户部对银库的管理是很严的。为了确保国家资金安全，只有库兵才有资格进银库。而库兵无论冬夏，在银库里只能穿专用制服，离开银库时必须脱掉，换回自己的衣物。离开银库时，会有专人检查库兵的身体。他们让库兵光着身子跨过板凳，两手往上一拍，大喊一声"出来"，以此来验证库兵的体内、腋下、嘴里、手中没有夹带银子。管得是够严的。

不过，中国人自古就热衷"上有政策，下有对策"。库兵偷银子，肯定不会用大车明目张胆地运。九百多万两银子，那得准备多少辆车，运送多少趟啊，太招摇了。库兵的偷窃技巧是：要么把银子通过肛门塞到体内，要么把银子放在茶壶里。

前一种办法听起来很恶心很难受。库兵的具体做法也很奇葩——塞入时，用猪脂肪将银子包上，再用点儿松骨的药，一次最多塞入八十两，能忍三十分钟。这真的是个技术活。

后一种办法主要在冬天用。库兵出库时打开茶壶盖，将茶壶翻转就能过检。实际上，银子冻在茶壶里，自然倒不出来。

虽然每次库兵偷出的银子不多，但也架不住天长日久。积少成多，若干年算下来，也是个天文数字。

清朝的官府办案效率看起来还行，真相很快就查明。可是，既然有这样的办案本领，又有严格的安检制度，为什么时至今日才东窗事发？

原来，自嘉庆五年（1800年）以后，朝廷再没有全面清查过国库，每年只是例行公事地查查账，基本就是走过场。安检制度虽然一直在执行，基本上也是形同虚设。而那些监守自盗的库兵，也绝非善茬。想端上库兵这个饭碗，多数情况下既要花钱买，又要路子硬。这样的关系户上位后，背景深厚，没人敢动，成了朝廷治理贪腐的死角和真空区。

案子查清，下一步就是处理涉案人员了。道光帝犯难了。这是一起小官巨贪的群体性案件，绵延几十年。如果追究起来，不光株连甚广，而且取证艰难。思前想后，跟大臣们反复商量，道光帝只好做出了"法不责众"的决定，《清宣宗实录》如此载："本应立置重典，以肃法纪，惟事阅多年，官非一任，即书吏丁役等亦人数众多……"人数众多，要完全查清根本不可能。因此，除了个别证据确凿、情节恶劣的库兵被判刑，多数官兵没有被追责。

刑事责任可免，经济责任不可免。眼下，朝廷正是缺钱之际，道光帝责令在这件事上失职的所有官员，按照任期长短，分摊赔偿国库损失。不赔钱就进监狱，规定时间内赔不清，不光不放人，还要让子孙接着赔。不过，这项追赔计划执行得很不理想。确实有些官员赔不起，只能不了了之。而一些罪大恶极的库兵，由于嗅觉灵敏，案发前就玩起了消失，直至道光帝驾崩，也没能抓获归案。

作为清王朝有名的铁公鸡，经历了这样的丑闻，道光帝心力交瘁，再也没了励精图治的勇气和信心，只能默默接受帝国走下坡路的现实。而这场国库监守自盗的案件，跟和珅的贪腐大案、甘肃通省冒赈捐监案、庆亲王奕劻买官卖官的丑闻等相比，只是清代诸多贪腐案件中不起眼的一件，是个缩影。在经济向前发展的同时，社会财富的积累也在刺激着一些人的贪欲。当他们的权力不受监督，制度难以约束之时，便开始为所欲为。归根结底，清代的贪腐问题，与中国历史上任何一个朝代一样，都是君主专制体制的衍生品，是政治发展失衡的产物。克服贪腐，既要治标，更要治本，要从建章立制入手，要从改革官员权力运行机制、权力监督机制、收入分配机制入手，皇帝要率先垂范，真正实现"不敢腐、不能腐、不想腐"。然而在封建王朝，这样的目标难以实现。

五、道光萧条：前所未有的难题

道光初年，浙江嘉兴郊外。

沈铭彝，早年曾是县里的候补训导，相当于县中学候补校长。晚年身体不适，回乡闲居。坐拥一二百亩田地，加上开馆授课的微薄收入，还能维持全家八口的生计。然而，他的乡绅生活过得并不如意，所有的麻烦，都源于一个新名词——"道光萧条"。

沈铭彝居住的村子名叫竹林里，夹在嘉兴县新丰镇和新篁镇之间，是个水网密布的小村庄，人们每次出行都得预约船只和船工。然而，就像今天的"打车难"一样，那时约条船也不容易。即便约上了，不光型号小，坐起来不舒服，而且经常碰到交通拥堵。

道光三年（1823年）五月二十日，沈铭彝送继子到县城读书。本来是打算赶赴两天后的迎送入学仪式和文庙祭祀典礼，没想到赶上了一场百年不遇的特大洪水。

从阴历二月到九月，苏杭地区的大雨就没停过，因此引发严重水灾。这年是癸未年，历史上就将这场水灾称为"癸未大水"。

据《沈竹岑日记》录，当时沈铭彝目光所及，"水深三尺，几及岸矣，近田俱没"。竹林里"惟大塘环桥可过，余外乡村小桥俱不能去"。沈铭彝犹豫再三，还是觉得入学谒圣乃"士子进身之始"，就是下刀子也得参加。于是，他找了条小船，冒险出发，途遇小桥就卧倒，到了新坊镇再换乘大船，抵达县城时天已擦黑。几十里水路走了一整天。

如此狼狈，让沈铭彝和很多人一样，把外出当作畏途，宁愿宅在家里。由于行船困难，找船不易，一些船老大趁机提价，甚至翻倍。

更让沈铭彝闹心的，是水灾对农业的毁灭性打击。田地被水浸泡良久，不仅水稻绝收，而且肥力受损。沈铭彝致信友人："薄田无几，向藉佐粥饘，现在不但有赔粮之累，此后更何处投乞米之帖，均切焦思。"

他的担心并非多余。天灾导致农田减产，许多佃户交完租税，几乎剩不下口粮。而交不齐租子，像沈铭彝这样的中小地主，就有可能饿肚子。于是，佃户想方设法避税逃租，地主挖空心思催粮催租，租佃矛盾愈演愈烈，沈铭彝也被卷入其中。

癸未大水后，催租催粮成了他日常生活中的大事。他每年都得忙活好几个月，还得给县官送礼，请官差抓人，逼迫佃户交齐租粮。

其实，沈铭彝也不愿这么做。既然收租困难，那就干脆把田地卖了吧？种地给地主和佃户都带不来好处，地价自然就涨不起来，甚至不断下滑。有些地方的地价在二三十年间下跌了80%，依旧无人问津。即便田租打折，也找不来合适的佃户。

沈铭彝做梦也想不到，他正经历着中国气候的转折时期。据刘昭民的《中国历史上气候之变迁》记载，1740—1790年，年均气温比20世纪50年代至70年代的年均气温高0.6摄氏度；1791—1850年，年均气温低0.8摄氏度。尤其是1816年的平均气温，竟低2摄氏度。低温导致夏季季风和冬季季风在华东停留和交锋，降水和降温交织。

温润气候会促使水稻产量提升，成为促成乾隆盛世的诱因之一。而低温天气和连绵降水则导致水稻减产，对以农业为支柱产业的清代中国带来深远影响。

低温时代的来临并非偶然，这是全球气候变化的一部分。当时，北半球进入了为期15年的气温骤降期，1816—1830年平均气温创造了1600年以来的最低纪录。低温导致农作物减产，很多国家因此发生"粮食骚乱"，道光初年的中国也不例外。

在沈铭彝的家乡，一些拒绝交租的佃户联合乡村无业游民，打家劫舍，无恶不作，勾结胥吏，巧立名目，滥收税费。许多富户被迫逃离故土，搬到县城。而沈铭彝依旧留在家乡，继续着担惊受怕的日子。

水灾，改变的不光是出行习惯，更是沈铭彝和竹林里的生活状态。

沈铭彝的继子到县里读书后，多次赶考未果。直到癸未大水这年，一个远房亲戚的门生当了浙江学政，沈铭彝多次拜会，反复送礼，才疏通关系，给继子捞了功名。而更多的穷书生，没有关系，没有背景，科考落榜，就意味着努力白费，只好沉淀乡村，穷困终生。

进入道光年间，这些读书人的生活更窘迫了。据《沈竹岑日记》载，道光十三年（1833年）二月，"菜油每斤一百四十文，花油每斤一百十文，柏椁每斤一百八十文，棉花每斤一百文，皆从来所未有，其余无不昂贵。米价虽不至如上秋六洋，此时亦每石四洋以外，寒士何以过活"。就连文史书籍，售价也高不可攀，一部《昭代丛书》卖十两银子，一般的读书人根本买不起。

物价上涨带来的，不光是生活成本的提升，更有农村副业的凋敝。中国传统社会，男耕女织互为补充，一旦"耕"掉链子，"织"还能维持生计。而据姜皋《浦泖》载，在道光年间，"标布不消，布价遂贱，加以棉花地荒歉者及今四年矣。棉本既贵，纺织无赢，只好坐食，故今岁之荒，竟无生路也"。棉花歉收，棉价上涨，棉布滞销，布价下跌，这一涨一跌，使棉纺织业无利可图，陷入困局。

让沈铭彝烦心的不光是物价上涨，还有越来越高的纳税成本。官府规定，纳税须用银两，但市面交易常用铜钱（制钱）。雍正、乾隆年间，银钱比价长期稳定在1：1000的水平，即1两银子可兑1000文铜钱。而到道光年间，这个比价增至1：2200。如果纳银交税，就得多花一倍的铜钱。虽然以银两计算的米价下跌了25%，但换算成铜钱计价依旧是上涨的。沈铭彝觉得，无论是买东西还是交税，自己都越来越亏。可除了抱怨"银太贵"，也没什么别的办法。

沈铭彝绝非无病呻吟。据《（光绪）松江府续志·田赋志赈恤》载，道光十三年（1833年），时任江苏巡抚的林则徐表示："民间终岁勤劳，每亩所收除完纳钱漕外，丰年亦不过仅余数斗。自道光三年（癸未）水灾以来，岁无上稔，十一年又经大水，民力愈见拮据。是以近年漕欠最多，州县买米垫完，留串待征，谓之漕尾，此即亏空之一端。"不仅百姓的口粮不足，就连朝廷的漕粮也难保证。

面对银贵钱贱的局面，中产家庭还能勉强支撑。而那些感到读书无法改变命运的年轻人，要么破罐子破摔，热衷赌博、抽鸦片，要么投身胥吏，包揽词讼，播弄乡愚，吓取钱财。世道浇漓，萎靡不振。

沈铭彝知道银贵钱贱，却搞不懂其中道理。学者林满红发现，嘉庆十三年（1808年）至道光三十年（1850年），中国市场上流通的白银减少了30%，从而出现银两的"通货紧缩"。与此同时，私铸小钱和外国轻钱的流入，使铜钱的流通量猛增，从而出现了铜钱的"通货膨胀"。那么，这些银子究竟去了哪里？

中国的白银产量有限，市场上流通的白银主要来自中西贸易。整个18世纪，中西贸易的基本结构，是西方列强用美洲白银作为支付手段，换购中国的茶叶、生丝、瓷器等。长期顺差的状态，被大量输入的鸦片打破。鸦片逐渐取代白银，成为英美列强在中西贸易中的主要支付工具。为了购买鸦片，中国市场上的白银大量外流。1800—1834年间，白银外流的总量多达2941.6万两，甚至比当时国库的存银还多。

另外，美洲白银的减产，使全球白银供应紧缺，中国市场也受到了影响。白银外流和减产，成为银贵钱贱的主要诱因。考虑到官府和民间的大多数开支都用白银给付，银贵钱贱的市场影响之大，可以想见。

银贵钱贱的后果是很严重的。以白银计价的农产品和手工业品价格下跌，使这些行业遭受了较大冲击，导致商业活动减少，从而加剧市场的萧条，最终导致赋税征收困难。拖欠薪资成为常态，维持官员薪俸和军队饷银已属不易，遑论加薪。量入为出的财政体制，导致吃皇粮者长期不加薪，合法收入与物价无法匹配，对官场陋规的蔓延起到了推波助澜的作用。

嘉庆二十五年（1820年），清代诗人龚自珍在《西域置行省议》里写道："大抵富户变贫户，贫户变饿者，四民之首，奔走下贱，各省大局，岌岌乎皆不可以支月日，奚暇问年岁！"这就是同年登基的道光帝必须面临的局面，也是沈铭彝所处的时代。当代一些学者将其称为"道光萧条"。

这是一次经济增速下滑的衰退。

按照美国经济学家麦迪森（Angus Maddison）运用购买力平价法的测算，1700—1820年间，中国 GDP 在全球所占比重从23.1% 提高到32.4%，年均增速0.85%；而欧洲的 GDP 的比重仅从23.3% 提高到26.6%，年均增速0.21%。然而，此后一百年间，中国经济不仅增速放缓，而且比重下滑，到1900年时只占全球比重的11%。显然，1820年是个由繁荣到萧条的转折点。这年及其后的三十年间，正是道光帝统治时期。

这是一次新旧问题叠加的衰退。

乾隆后期凸显的人口膨胀、资源破坏、环境污染、物价上涨、人均耕地面积减少等问题，在道光年间非但没有缓解，反而叠加了气候变冷、银贵钱贱等新问题。这是历代统治者都未曾遇到的新情况，是传统经济增长模式走到极限后边际效用递减的体现。化解这样的新局面，需要决策层既懂经济学，又有大智慧，更有创新思维和进取的勇气。

这又是一次主动寻求改变的机遇。

纵观世界历史，衰退从来不是世界末日，而是提供了经济结构调整和产业转型升级的历史性机遇。对于道光帝来说，破题之道在于主动求变——改"抑商"为"重商"，发展近代工商业，创造更多就业机会，消化人口膨胀带来的生计压力；结束闭关，扩大外贸，获取源源不竭的海外资源，弥补国内市场的流动性短缺；改变人才评价机制，默许发明创造，认可多元发展，杜绝万马齐暗，给社会注入积极向上的创新驱动力。

遗憾的是，道光君臣没有这样的见识和勇气。他所重用的大臣，如曹振镛、穆彰阿，以"多磕头少说话"为能事。面对外部世界对中国经济潜移默化的影响，道光君臣倾向小修小补，做一些倡行节俭、鼓励垦荒之类的事。就连改漕运为海运这样的微改革，都要争论多年，久拖不决。"道光萧条"带来的转型门槛，中国终究没能主动跨越。

历史提供的机遇，"有效期"截至1840年。其后，中国只能被动地融入全球经济，而这一过程充满艰辛、波折、动荡和屈辱，代价更大、成本更高。

乡绅沈铭彝对此一无所知，只是把自己在"萧条"岁月的生活和疑惑写成日记，后人将这些日记编入一本名为《沈竹岑日记》的书里，流传至今，成为我们认识和理解那个时代的一把钥匙。

这几本书值得读一读：

1. 戴逸主编，郭成康著：《18世纪中国与世界：政治卷》，沈阳：辽海出版社，1998年。

2. [美]彭慕兰：《大分流：欧洲、中国及现代世界经济的发展》，史建云译，南京：江苏人民出版社，2003年。

3. 梁小民：《走马看商帮》，上海：上海书店出版社，2011年。

4. 唐博：《住在民国：北京房地产旧事（1912—1949）》，太原：山西教育出版社，2015年。

第三专题

戴着镣铐修文治

中国古代一向重农轻手工业，故历代农书颇多，而少有全面记载手工业技术的著作。《天工开物》不仅首述农事，随后又以更多的篇幅记述手工业，这与明末启蒙思潮中出现的"工商皆本"的先进思想是相符的。

然而，《天工开物》是对既往成果的总结，只有体例上的创新，而没有内容和技术上的创新。它虽然荣膺中国17世纪的工艺百科全书，却从另一侧面反映出"中国创造"正在退出历史舞台。

创新的缺失，正是明清时代中国文化的一个无法回避的特征，也是欧洲人18世纪的"中国热"转冷的重要原因。这一现象，可以归因于重农抑商，可以归因于文字狱，可以归因于日趋保守的社会氛围。这些都是镣铐，紧紧锁住中华文化创新的腿脚，使之失去了继续大展宏图的历史性契机。

第七章

士大夫的头脑风暴

康熙十七年（1678年），太原至北京的官道上，一辆奇怪的马车正缓缓行进。

说它奇怪，是因为马车里平放着一张床。床上躺着一位老者，一路嗷嗷叫。其实，他根本不愿进京，赖在床上不走，可朝廷点名要他，知县老爷无奈，只好连床带人一起送往北京，于是有了这样一幕啼笑皆非的场景。

离京城还有二十里地时，老者说啥都不想进城，宁可一死了之。大学士冯溥率公卿大臣们前来拜见，老者就称病躺在床上，拒不起身迎送还礼。

这位老者究竟是谁？他为什么这么无礼？大臣们为什么还要低三下四地求他？

他叫傅山（1607—1684），是明末清初的大儒，博学多才，重气节，有思想，有抱负，在山西家喻户晓，深受各界爱戴。他还有一个别名，在梁羽生的小说《七剑下天山》里算是个重要角色，那就是傅青主。

他和黄宗羲、顾炎武、王夫之是同时代人，比李贽晚了一个世纪。要谈这四位思想家，就必须先讲讲傅山这段奇特的进京故事。

一、钦点免试的七品官

就在这年，康熙帝颁诏天下，令三品以上官员推荐"学行兼优、文辞卓越之人"，皇帝亲自主持专门考试，予以量才使用。这场考试，就是博学鸿词科。与正常的科举考试不同的是，由于考生都是大佬们推荐的名士和能人，特别是其中有些人拒绝参加科举，因此博学鸿词科的录取比例很高，基本相当于今天的保送生资格考试。

有些人想当官，又讨厌科举，博学鸿词科恰是一个出人头地的机会。而傅山根本不想参加这场考试。可是，皇帝又偏偏看中了他的才气，以及他在士大夫群体里的影响力，必须要他参加考试。这才有许多大臣慕名拜会，恳请其应考，给皇帝点面子。可傅山就是不愿出山。

大学士魏象枢见状，只好对皇帝说，傅山年逾古稀，身体不好，没法参加考试。没想到，康熙帝传出圣旨：既然没法考，就不用考了，直接免试做官，封为内阁中书。这是一个给内阁缮写公文的从七品职位，相当于今天的副处级。

无论是放在那个年代，还是放在今天，免试直升副处级，都属于特事特办，是莫大的恩典。按道理，傅山要去宫里谢恩。可他压根不想领这个情，当这个官。冯溥一看，不谢恩没法向皇上交代啊，怎么办？你傅山不是托病不出，卧床不起吗？那我就派人连你带床，一起抬进宫去。到了大清门，还没进宫，傅山从床上滚下来，潸然泪下。其他人强摁他磕了个头，算是谢恩了。

对于傅山的桀骜，康熙帝非但没有怪罪，反倒表示要"优礼处士"，又传了一道谕旨："傅山文学素著，念其年迈，特授内阁中书，着地方官存问。"同意让傅山带着副处级的待遇，回山西老家颐养天年，让当地官员好生照应。不过，真的回到太原，任凭地方官如何拜望巴结，傅山依旧闭目不应，"尚志高风，介然如石"。

傅山为何要跟官府刻意保持距离？大概有两个原因：

第一，跌宕人生。如果没有明末官场那些乌七八糟的事，傅青主本该在仕途上走得很远。毕竟，他是官宦子弟，有先天优势；毕竟，他家学渊源深厚，有极深的底蕴。

可是，事与愿违。

崇祯七年（1634年），山西提学佥事袁继咸主管全省教育，为官清廉，坚持气节，重视学风，注重学业。傅山作为他的得意门生，曾为这位老师"立法严而用意宽"的精神感染。不过，袁继咸原本是朝廷的兵部侍郎，之所以人在山西，是因为得罪了权贵魏忠贤，算是被贬官至此。

崇祯九年（1636年），袁继咸被魏忠贤余党诬告，投入京城大牢。傅山连忙联合百余名生员，联名上书，步行进京为袁继咸印发揭帖，申明真相，鸣冤请命，出庭作证。经过七八个月的斗争，冤案昭雪，坏人倒台，袁继咸也走出牢房，升任湖北武昌道。这件事的成功，令傅山在学界收获了荣誉和好名声。

或许是这件事对傅山刺激太大，总之，他放弃仕途了。不仅如此，他还在太原城西北角找了一所寺庙，辟为书斋，每天博览群书，研究经典，知识积累雄厚。

然而，怕什么来什么。崇祯十七年（1644年），傅青主到底是遇到了大麻烦。

第二，华夷之辨。傅青主学的是程朱理学，接受的是儒家传统的忠君爱国伦理。因此，明清鼎革之际，他不仅写下"哭国书难著，依亲命苟逃"的诗句怀念明王朝，而且拒绝剃发，甚至打算匡扶南明，收复河山。

顺治十一年（1654年），傅青主曾策反清军总兵，共同反清。但起义失败，他也受到牵连被捕。面对严刑拷打，傅青主硬是对参加反清斗争矢口否认。衙役们拿傅青主没办法，只好把他放了。不过，官府没想到，傅青主朋友多得很，一出牢房就有人迎候。

眼看反清复明前景黯淡，傅青主便返回太原，隐居在城郊，幸好当初买了一套房。他一边吟诗作赋，慨叹自己无家无国，一边到处做客，好似"侨公"。

对傅青主来说，不当官、不坐班是个好消息。他就隐居于太原的城乡僻壤，有充足的时间和精力跟社会各界文化人物试着打打交道。不过，如果翻翻他的朋友圈可以发现，算得上英雄豪杰的朋友，几乎都是主张反清复明的。他最有名的朋友，当属顾炎武。两人一见如故，志趣相投，一起组织票号，给抗清斗争攒银子。

其实，傅青主目睹了明朝的腐败和构陷忠臣，清朝的强盛与礼贤下士，为什么还如此青睐明朝，抵触清朝？对于当时几乎所有的抗清义士，包括顾炎武、黄宗羲等人，这都是个植根于思想观念里的大问题。

一方面，他们深信，天下人是分为华夏和蛮夷的。他们之间的区别，就是服饰、礼仪、思想和道德等文化要素上的差异，也就是"华夷之辨"。他们纳闷，落后的蛮夷，怎能鸠占鹊巢，夺取中原，来统治先进的华夏？这种华夏中心观，使他们既瞧不起蛮夷，又对蛮夷无可奈何。用今天的话说，这就是狭隘的汉族主义，缺乏大中华的情怀。因此，他们打心眼里抵触少数民族政权，渴望恢复汉族政权，而离那时最近的汉族政权，就是明朝。纵然它曾千错万错，无比糟糕，那也要千方百计加以复兴。

另一方面，对于这个千错万错的明王朝，他们的感情很复杂。他们想恢复这个王朝，但又对这个王朝里的种种很不满。比如君主专制，比如特务统治，比如程朱理学里"存天理灭人欲"的唯心思想。有人选择了著书立说，抨击君主专制，推崇自由讨论，比如黄宗羲、顾炎武；有人选择了逃避，比如傅青主，竟然脱俗信了道家，其理念和追求更加反对权威主义、教条主义，更加洒脱自然，率性而为。

就这样，傅青主顶着七品官的名声，"躲进小楼成一统"，继续着闲云野鹤的生活。而在中国的思想文化领域，变化才刚刚开始。

二、文治背后的"无底洞"

康熙十八年（1679年），清廷启动了《明史》纂修。这时，明朝都灭亡三十多年了，怎么皇帝突然想起修《明史》了？

《明史》是中国第二十四部正史。纂修《明史》是个重大的文化工程。中国人讲求"隔代修史"，为前朝修史，就意味着本朝具备了继承前朝衣钵的正统地位，而这恰是清王朝求之不得的。修史是个旷日持久的功夫活，如果能用这样的文化工程，笼络一帮文人，把他们拴在故纸堆里，既达到聚集人才的目的，又让他们倾心清朝，没空反抗。一石多鸟，何乐而不为？

许多读书人巴不得进入明史馆里著书立说吃皇粮，黄宗羲大概也有类似的想法。可是，作为抗清义士，他一旦迈出这一步，就意味着跟清朝结束敌对，开始合作，甚至接受清朝的官职。他不能这么干。于是，面对朝廷的谕旨，他借口年老多病，婉拒了。

不过，在他看来，《明史》纂修事关忠奸评判，是影响子孙后代的大事。知识分子的使命感，使他虽然不便亲往，但也不能袖手旁观。于是，他派出了学生万斯同，并以"四方声价归明水，一代贤奸托布衣"的名言相赠鼓励他。

万斯同史学功底扎实，也有民族气节，曾婉拒博学鸿词科，也深知一旦进了明史馆，就算是给清王朝打工了，自己坚持的这点抗清名节就没了。于是，他跟热情相邀的大学士徐元文提出，"以布衣参史局，不署衔、不受俸"。由此，在近百人的修史队伍里，就出现了这么一位奇特的人士：每天寓居徐元文家，主要任务就是审稿。

纂修官们把写好的稿子送到徐元文的宅院，万斯同在这些书稿里找出许多错漏，补充一些内容，跟文献记载完全吻合。据说《明史》初稿的五百卷是由万斯同亲手定夺。当然，万斯同不是一个人在战斗，背后有黄宗羲的力挺。为了修《明史》，黄宗羲连讲课的差事都停了，专心协助万斯同。

《明史》的撰写，经历了漫长的写、改、再写、再改的不断反复。参与纂修的读书人里，黑发人熬成了白发人，白发人也先后凋零了几拨。直至乾隆四年（1739年），全书才正式告竣。

如果说纂修《明史》有助于消磨知识分子的不满情绪的话，那么编纂《四库全书》则是对历代稀有文献的一次大腾挪和大搜捕。

明朝永乐年间，明成祖曾主持纂修《永乐大典》，是迄今为止世界上最大部头的类书。全书22877卷，光目录就60卷，收录了明代依然存世的大量文献书籍。在凡例里，永乐皇帝曾不无自豪地自诩，举凡"天文、地理、人伦、国统、道德、政治、制度、名物，以至奇闻异见、庾词逸事"，无不详载。《永乐大典》成书后抄录了两本，正本在明末毁于战火，副本虽然侥幸留存至清代，但乾隆帝对其体例有所不满："原编体例系分韵类次，先已割裂全文，首尾难期贯串。"于是，乾隆帝决定彰显清朝"稽古右文"的精神，组织全国知识分子的力量纂修一部丛书，囊括中国历史上至清代仍存世的几乎所有文献，按照经、史、子、集四库，对收录的书籍文献进行分类。这就是《四库全书》。

乾隆三十八年（1773年）年底，四库馆正式成立。由纪晓岚、陆锡熊、孙士毅担任总纂官，陆费墀为总校官，360多位高官、学者参与编纂。一共誊写了7套，存放在各处皇家宫廷或园林里。收录3500多种图书，共7.9万卷。

对于这部中国古代规模最大的丛书，纂修的基础是最大限度地收集各类文献书刊。因此，伴随着这套皇皇巨著的启动，一场全国范围的搜访征集图书运动，也拉开了大幕。

收书的活动持续了六年，在朝廷的强力推进下，在各种物质和精神奖励的刺激下，各类图书从大江南北源源不断地运到了北京。据统计，总数多达13501种，包括不少海内外罕见的珍本、孤本。当然，国家的藏书丰富了，许多民间藏书家的多年积累却为之一空，再也没能恢复元气。

这些图书文献中的相当一批，进入了《四库全书》，传世至今，但更多文献被挑出来，另有处理。区分和挑选的标准，是究竟有没有"违碍悖逆""语涉抵触""荒诞不经"的内容，尤其是"诋毁本朝之语"。

在这样的原则和标准下，凡记载清入关前的历史、叙述明末清初历史的书籍，以及具有民族思想和反清主张的书籍，都被列入重点查禁对象。就连无意间冒犯专制权威、指摘时政、发点牢骚的著述，也纳入禁毁范围。不管是稗官野史，还是文集笔记；不管是奏疏杂纂，还是石刻碑铭；不管是剧本曲本，还是郡邑志乘，甚至天文占卜、御批文献，都在查禁之列，可谓地毯式清理。

在四库馆臣和各地督抚的共同努力下，加上基层民间的相互揭发，禁书越来越多。十几年的查禁，毁掉的书籍多达3100多种，15万部以上。还有超过8万块书板被摧毁。像《扬州十日记》《嘉定屠城纪略》这样的历史文献，竟在消失二百多年后，在日本重见天日，这不能不说是中国历史文献学界的悲哀。

如今，我们到中国第一历史档案馆参观和查阅资料，发现这座以明清档案收藏见长的国家级档案馆，清代档案浩如烟海，而明代档案只有寥寥数千件。其主要原因，就是上千万件明代宫廷和衙门档案，在这次收书活动中被彻底销毁。

有些传世文献，由于名声太大，不得不收录。不过，"死罪饶过，活罪难免"，等待它们的，是大量删改，甚至面目全非。比如岳飞的《满江红·写怀》里，原句里有"壮志饥餐胡虏肉，笑谈渴饮匈奴血"。"胡虏""匈奴"，都是汉族中原王朝对北方少数民族的贬称。在清朝，满族统治者对这样的称谓很是反感和忌讳。于是，四库馆臣就把这句改成了"壮志饥餐飞食肉，笑谈欲洒盈腔血"。这样一来，意思全变了。还好，《满江红·写怀》的原版没有绝迹，我们今天读到的依旧是原句。

《明史》和《四库全书》，作为康乾盛世煌煌文治的象征，背后却深不可测。清代统治者以其特有的做法，对中华文化进行着一次次荡涤，甚至是釜底抽薪。康熙帝和乾隆帝，在用自己的方式为子孙后代除后患，摧毁可能影响清王朝千秋万代统治的一切隐患。可是，他们摧毁的不光有士大夫们的信仰、追求和精力，更有文化记录和传承的载体，堪称文化浩劫。这样的事，发生在号称盛世的乾隆时代，令人唏嘘不已。而这一切，既源于清代统治者内心深处对于统治这个广土众民国家的不自信，也源于他们对专制权威的迷信和滥用。

历史学家吴晗曾说，"清人纂修《四库全书》而古书亡矣"。但问题似乎没那么简单。

用和平的方式禁锢文化，不光是对文化传承的灾难性冲击，更造成了对这个时代社会精英阶层的负面影响，无论是形象上还是精神上。人们可阅读的书籍，种类少了一半，内容和范围严重受限，创造力被扼杀，一切都只能"唯书""唯上"、低头办差、不能怀疑，不能辩解，不能另辟蹊径。整个民族就在这样的禁锢中走向了自我封闭。正如龚自珍在《己亥杂诗》中所说："九州生气恃风雷，万马齐喑究可哀。"

这样的"无底洞"，才真的可怕。

三、千奇百怪的文字狱

鲁迅先生写过一篇杂文《隔膜》，说的是清代有一批书呆子，喜欢拍皇帝的马屁。可是，他们不了解皇帝的秉性，马屁拍到马腿上，无论是上书歌颂，还是撒娇讨好，换来的并非高官厚禄，而是小命归西。

看起来，这像是个悲剧。可在我们的生活中，这样的事常有。比如，看到主子的袍角破了，有些好拍马屁者会马上凑过去说：主子，您这袍角烂了，拖下去恐怕会烂得更狠，还是补补吧。说话者以为自己是在为主子好，表个忠心，可主子却不喜欢，认为这是揭了他的短。于是，拍马屁表忠心也成了罪过。有些话，虽然是事实，但并非每个人都有资格说。要搞清楚自己的角色定位，不然就有可能给自己惹麻烦。江西新昌县（今宜丰县）举人王锡侯，就是这样的一个倒霉蛋。

年轻时，王锡侯绝对是个读书用功的好孩子。为了追求功名，他把自己锁在王氏祠堂的一间小屋里，日夜苦读，笔耕不辍，一日三餐都由家人从地洞送进去。就这样，他学到了一脑子渊博的学识，懂训诂，善诗文，会观天象，著述颇丰。三十八岁那年，王锡侯考中了举人。

王锡侯虽然用功，但情商不太高。用清史专家孟森的评语，这位举人"盖亦一头巾气极重之腐儒"，实乃"乡曲小儒气象"。书写了不少，但日子仍然过得紧巴巴的。更有趣的是，他跟《康熙字典》突然结了梁子。

原来，在日常的读书和训诂中，他发现，《康熙字典》虽然收录的汉字很多，但查阅不便。"学者查此遣彼，举一漏十，每每苦于终篇，掩卷而仍茫然。"由于字与字之间没有联系，"字犹散钱"。于是，仗着自己学问底子好，王锡侯突然冒出了主意：自己编一部好用的字典。这并不是无原则的突发奇想。字典的销量很大，王锡侯想靠这本书打个翻身仗，给自己多挣点银子，改善生活，圆一个"书中自有黄金屋"的美梦。

乾隆三十四年（1769年），这本叫《字贯》的字典编出来了。跟《康熙字典》不同，《字贯》把读音和意思相同的汉字汇于一处，便于查找。用王锡侯自己的话说，《字贯》的玩法是"字犹零钱，义以贯之，贯非有加于钱，钱实不妨用贯"。在这本书里，王锡侯把所有的汉字按照含义分为天文、地理、人事、物类等四大类，共四十卷，通俗易懂，使用便捷。经他推荐，许多人交口称赞。在朋友的帮助下，《字贯》很快就出版了。

清代的民间藏书，还是热络了好一阵子。对于民间编书，朝廷也没怎么管过。一切似乎都很顺利。可是，到了乾隆四十二年（1777年），令王锡侯意想不到的灾难发生了。

一个叫王泷南的家伙，到县衙状告王锡侯的《字贯》"狂妄悖逆"。这王泷南是个不安分的光棍，早年犯罪发配边疆，后偷跑回原籍。当时，王锡侯血气方刚，打抱不平，把他举报了。于是，王泷南越狱失败，被押回边疆。这么多年过去了，王锡侯早已淡泊名利，而王泷南刑满释放后，一直耿耿于怀，处心积虑想把王锡侯整死。就在乾隆帝发动收书运动的当口，王泷南觉得机会来了，便去抓王锡侯的小辫子。毕竟，王锡侯写过很多书，字里行间难免落下把柄。

知县老爷听说有"悖逆"二字，不敢怠慢，马上报告江西巡抚海成。海成组织了一帮饱学之士仔细研读，发现《字贯》里确有吹嘘这本书如何好，批评《康熙字典》如何不好用之实。虽说王泷南声称，这么做是在有意贬损康熙皇帝，毕竟《康熙字典》是康熙帝御批的，可大家都觉得，这顶多算是"狂妄"，如果扣上"悖逆"的帽子，实在有点离谱。于是，海成就写了一道奏折，把案情经过叙述一遍，建议朝廷革去王锡侯的举人功名，再行审理。跟奏折一起送到北京的，还有四十卷的《字贯》一套。

皇帝毕竟是皇帝，对于《字贯》的理解和案子的定性，就是跟地方官不在同一条起跑线上。乾隆帝看了海成的奏折，肯定了"狂妄"的说法，便准备把案子交给内阁和刑部研究。后来他翻了翻《字贯》，猛然发现其中的凡例里，开列了孔子、康熙帝、雍正帝，以及乾隆帝的名讳。乾隆帝勃然大怒，认为此案"大逆不法为从来未有之事，罪不容诛，即应照大逆问拟"。至于海成，被乾隆帝骂得狗血喷头，搂着"有眼无珠"的圣断，戴罪立功，把王锡侯带枷解送北京。

王锡侯为什么要在凡例里触犯帝王们？原来，他列出帝王和圣人名讳的用意，是告诉读者，重要人物的名讳有哪些，需要公众回避，不要直接讲出来。遗憾的是，王锡侯在教别人自学成才的时候，自己却有点发蒙，竟然把这些名讳甩到了凡例里。

本来，王锡侯这么编书是出于好心，可是"好心当作驴肝肺"。他闯了大祸，不仅坑了自己，还坑了一众人等。乾隆四十二年（1777年）十一月二十三日，王锡侯被押到京城，接受刑部审讯。五天后，审讯结束，王锡侯被定了谋大逆，判处凌迟处死，后来减刑为斩立决。家里妻媳和未成年儿孙，赏给功臣之家为奴。年轻男子被发配边疆，给披甲人为奴。那些给王锡侯写过序和书评的书生，也都倒了霉，领了罪。

《字贯》问世后，似乎卖得还不错，很多封疆大吏人手一套。王锡侯出事后，《字贯》成了禁书，谁也不敢再用。而王锡侯也没靠这本书赚来多少银子。官府抄家时，翻出的只是七十九本著作、十七件手稿、二百六十一套印好的《字贯》，还有两千多本藏书。至于官府最关心的财产，把锅碗瓢盆、鸡鸭鱼狗全算上，也只折了六十多两银子，还不够巡抚大人豪华宴请的一顿饭钱。一个知识分子家庭，就此灰飞烟灭。

"首恶"除了，该消停了吧？乾隆帝还没过瘾。他嫌巡抚海成对王锡侯的处分太轻，"实大错谬"，于是先对他"严行申饬"，后来"交部治罪"，再后来干脆罢免巡抚，接受刑部治罪。最后，海成被判了个斩监候，基本相当于死刑缓期执行，成了乾隆时代第一个被下令处死的省级高官。那些具体执法环节中，"漫不经心"或"不能检出悖逆重情"的官员，都遭到了处分。

"字贯案"虽然荒唐，但充其量只是个小案子。然而乾隆帝就要拿它做文章，做标签，为的是一桩更大的买卖——一要强化收书运动中对禁书的查处力度，督促各地高官负起责任来。二要掀起新一轮文字狱高潮，把任何跟盛世为敌、跟满族统治为敌的隐患全部清除，甚至宁可错杀一千，不使一人漏网。最后达到的目的，就是要全天下都听他的，所有人的思想都"清清白白"。

文字狱，历代都有，清代则发展到了登峰造极的地步。不过，康熙在位六十一年，掀起的文字狱不过十起，雍正朝十三年，也就二十多起。而且细究起来，这些文字狱多少都有政治斗争的意涵，肇事者在一定程度上也有咎由自取的成分。可到了乾隆朝，六十年时间，一百三十多起文字狱，而且许多案子跟政治斗争毫无关联，纯属捕风捉影，凭空捏造。比如徐述夔《一柱楼诗》里有"明朝振期翮，一举去清都"的诗句，人家表达的意思明明是希望长起翅膀，飞往清凉的世界，结果被有心人解读为攻占京城，反清复明。

如此吹毛求疵，带来的后果只能是无人再敢提笔，无人再敢创作，毕竟多一事不如少一事。协办大学士梁诗正赋闲在家，谈到为官之道时，说出了自己的心迹："一切字迹最关紧要……向在内廷之时，惟与刘统勋二人从不以字迹与人交往，即偶有无用稿纸亦必焚毁。"社会风气由此变得不再进取，而是噤若寒蝉，浑浑噩噩，甚至到道光年间，混得风生水起的首席军机大臣曹振镛，竟然以"多磕头，少说话"作为为官秘诀。

清代初年，诗人王撰在诗作《闻雁有感》中，对文字狱带来的可怕后果做出了预判："数声哀怨半天闻，无限离愁寄白云。矰缴每从文字起，书空咄咄却忧君。"他深刻认识到，君主禁锢思想，以文字狱归罪于人，最终收获恶果的，恰恰是君主自己。

翰林编修洪亮吉曾向嘉庆帝直言，世风日下，士大夫越来越没廉耻，以模棱、钻营、软弱、苟且为能事，国家一旦遇到危难，指望他们为国捐躯、力挽狂澜，是根本靠不住的。这一切问题的症结，就是"人才至今日，消磨殆尽矣"。究其原因，诗人龚自珍的话很有代表性：18世纪清廷"积百年之力，以振荡摧锄天下之廉耻"，造就了19世纪"万马齐喑"的局面。

因此，在龚自珍看来，康乾盛世经济繁华、国力强劲的背后，隐藏着精神的摧残和思想的停滞，是"戮心"的盛世。人才埋没，奴才和庸才当道，无论对国家、社会，还是某个单位，都是不幸的，其前进的道路会越来越崎岖艰难，甚至倒退。

那么，生活在这个时代的读书人，该何去何从？

四、八股取士与乾嘉学派

很多人都读过《范进中举》，这是清代小说家吴敬梓讽刺小说《儒林外史》中的一个故事情节。十年寒窗，一朝得中，个人和全家的命运都有了天翻地覆的变化，正所谓"一人得道，鸡犬升天"。虽然只是举人，也足以让他的家庭地位陡然提高。老丈人对他不再冷眼相待，街坊们更是羡慕不已。可是，范进兴奋过度，乐极生悲，他疯了。

许多人都认为，这是科举制度害的。没错，科举制度有弊病，而且越到封建社会晚期，弊病越大。然而，不能因噎废食，对这项在中国实施了一千多年的考试制度，不应简单地给予绝对肯定或绝对否定，应当一分为二来评价。

不可否认，科举制度是隋唐时期兴起的官员考试录用制度，是对魏晋南北朝"九品中正制"带来的"上品无寒门，下品无士族"态势的纠偏。对于广大寒门子弟来说，科举总归是提供了一条相对公平的上升通道。有了科举，农民可以用读书和考试来改变命运，跻身官员行列；社会阶层因考试而不固化、不封闭，处于流动状态；皇帝提拔官员的选择面也扩大了，统治基础的覆盖面进一步拓宽，变得更加牢固。这些无疑都是值得肯定的。

然而，说到考试内容，隋唐以来的差异却是比较大的。隋唐科举考写诗，推动社会涌现出许多高产诗人，比如李白、杜甫。宋代科举考策论，推动社会涌现出许多妙笔生花的政论家，比如范仲淹。考试的指挥棒，搅动了社会思潮，思绪更活跃，思想文化界生龙活虎。可是，到了朱元璋这儿，情况发生了很大变化。

朱元璋出身贫贱，通过农民起义才翻身做了皇帝。十多年的乱世对人们道德操守的摧残，令他记忆犹新。崇尚暴力、自私、狡诈者在生死劫难中胜出，而付出代价的往往是善良懦弱的升斗小民。于是，强悍野性的民风，取代了温文尔雅的世风，如此社会氛围，对于巩固明王朝的统治非常不利。因此，朱元璋决定千方百计"正人心"，也就是驯服人的精神，尽管这比控制人的身体要难得多。

为此，他推出了许多教化人心的举措，比如在乡村设立申明亭和旌善亭，分别用来召集乡民学习朝廷谕旨和表彰好人好事；他传旨推广戏曲《琵琶记》，向全国宣扬戏中主角忠孝节义俱全的精神；他在《大明律》和《大诰》中列举了管理基层社会秩序的大量条规和案例，可谓事无巨细，囊括其中；他毫不吝惜钱财兴建学校，宣扬"王政"从娃娃抓起。在他的文化布局中，科举考试是更重要的一环，因为它是前面所述一切的指挥棒。那么，朱元璋及其子孙对科举考试动了哪些心思？

首先明确考什么。一般说来，教什么就考什么，是比较靠谱的。国家最高学府国子监的主要课程，是四书五经和《大明律》《大诰》等，既有儒家伦理道德，又有国家法律条文。考题也基本上出自四书五经的原句，当然，还有时务策论等。

朱元璋这样做，给考生行了方便：考试范围严格划定，从应考的角度讲，无须拓展课外知识。因此，全国范围内的应试教育局面就这样形成了，而且一直延续到了清代。

接着明确怎么考。无论是乡试、会试还是殿试，考生一旦进入考场，要做的就是围绕来自四书五经某句话的考题，根据程朱理学的注疏，模仿古人语气进行发挥，写成文章。至于文章的段落格式，也有严格规定：文章的主体是四段排比对偶文字，分八个部分，故而称为"八股文"。对于经义的理解，必须套在这八个部分，形成固定的套路，不能另辟蹊径。

八股文并非明代首创，早在唐宋时期就有雏形。不过，站在统治者的角度，八股文成为考试的通用文体，也有其必要性。朱元璋毕竟在社会上摸爬滚打过，一方面重视网罗人才，另一方面更重视对人才的驾驭和约束。八股文作为统一的文体格式，不允许考生展现个人思想，答题也只能是代古人立言。明代统治者希望用这种考试方法作为指挥棒，将天下知识分子的思想集于一统，从而维系大明江山永固。清代统治者延续了这一做法，将八股取士一直延续到了20世纪初。

看起来，这样的理由足够冠冕堂皇。可是，细究起来，八股取士的问题也很多。由于八股文是考生进入仕途的敲门砖，于是大家都花精力来研究这种文体的写法。八股文写得越来越精致，但它所表达的内容却无人深入思考。一个国家的知识分子，如果都不思考，而只是沉溺于千百年前先辈的思想成果中，就会故步自封，陷入无用状态。

科举考试和文字狱所产生的导向作用是很明显的。既然无须思考，不允许发表个人见解，怀有传统儒家抱负的一些知识分子，就把做学问的重点，从创造性的写书，转变为总结性的编书和考证上。这样一批知识分子形成的学术流派，由于主要活跃在清代乾隆、嘉庆年间，故历史上称其为"乾嘉学派"。

乾嘉学派的创始人是明末清初的大儒顾炎武，代表人物包括戴震、惠栋、钱大昕、段玉裁、王念孙等。他们的研究领域，上至天文地理，下至历代规章制度的细节，整理古籍，寻章摘句，挑挑毛病，解读文字，靠对文献资料的反复比对、分析说话。不过，他们的研究刻意回避了明清的典章制度，为的是躲开文字狱。因此，梁启超曾评价："考证古典之学，半由'文网太密'所逼成。"

不管怎么样，乾嘉学派的学者通过刻苦钻研，还是对传统文献古籍的研究、总结和保存起到了积极作用。像钱大昕的《廿二史考异》、赵翼的《廿二史札记》、王鸣盛的《十七史商榷》，都是乾嘉学派在历史学著述方面的集大成者，它们的共同特点就是对史料的考证分析。

遗憾的是，每天陷于故纸堆中的考证，总在细枝末节上推理判断，为了解读一两个字的古义，要下笔千言，反复推敲，议论不休，不仅造成了知识资源的严重浪费，而且养成了不通世务、不切实用的坏风气。有些人由此甚至放弃了做学问讲求的经世致用精神，脱离社会需要，纯粹是为考证而考证。因此，乾嘉学派的学术影响远大于社会影响。

康熙二十一年（1682年）正月初四，顾炎武在友人家骑马，上马时不慎失足，呕吐不止，五天后离世。他给国人留下了一句名言：天下兴亡，匹夫有责。

一百一十一年后，洪亮吉撰写了《意言》，其中的第六篇《治平篇》堪称中国版"人口论"，敏锐地意识到人口爆炸将对康乾盛世的冲击。然而，在那个思想禁锢的年代，在那个考据成风的年代，这样有见地的预言和创见，这样有担当的责任心和社会关怀，还是太少。

明清时代的士大夫，在经历了一次次头脑风暴后，对这一切，似乎都习惯了……

这几本书值得读一读：

1.黄爱平：《〈四库全书〉纂修研究》，北京：中国人民大学出版社，1989年。

2.方祖猷：《万斯同评传》，南京：南京大学出版社，1996年。

3.白谦慎：《傅山的世界：十七世纪中国书法的嬗变》，北京：生活·读书·新知三联书店，2006年。

4.上海书店出版社编：《清代文字狱档》（增订本），上海：上海书店出版社，2011年。

第八章

全世界的"中国热"及其冷却

步入北京阜成门外的中共北京市委党校，宽大的绿色庭院中间，有座小小的墓园，四周环绕着雕花砖墙，苍松翠柏间，一座小小的墓碑引人注目。墓主人不是革命烈士，不是文化巨匠，甚至就不是中国人。他叫马特奥·里奇，是16世纪至17世纪之交的意大利天主教耶稣会传教士。当然，他还有个广为人知的中文名——利玛窦。

四百多年前，一个洋人，不远万里跑到中国，甚至长眠于此，究竟为了什么？

他长眠后，西洋人接踵而至。有的继续从事传教事业，比如柏应理；有的当上了宫廷画师，比如郎世宁；有的成了左右朝廷决策的国师级人物，比如汤若望。人生地不熟，语言文化又不通，他们是如何在中国"登陆"和立足的？

与此同时，无论是欧洲大陆，还是中国的城乡社会，都对中国文化产生了浓厚兴趣。一场全世界的"中国热"正在上演。而它的起与落，成了这个时期世界格局发展深刻变化的缩影。

一、利玛窦"登陆"

利玛窦出身医药世家，名门之后，生活优裕。他早年加入耶稣会，从事神学职业。虽然父亲不乐意，但他干得风生水起。精通意大利文、拉丁文、希腊文、西班牙文和葡萄牙文，以及大学时代学过哲学、神学和天文学，为他日后的传教生涯筑牢了语言功底和知识基础。

在许多人看来，天主教在中世纪的扩张欲望非常强烈。十字军东征，就是其传播信仰和扩大影响的经典案例之一。利玛窦也领受了这样的使命。1578年，他离开葡萄牙，前往东方传教。当然，他不是一个人在战斗，跟他同行的，还有十四名耶稣会士，以及一艘从里斯本启航的海船。他们的目标是把天主教的福音不远万里地传播到印度、日本、越南，以及中国。

这是一场旷日持久的传教行动。利玛窦这一走，便再也没能回到祖国。然而，他的义无反顾，并没有让使命变得简单。跟六个月的海上航程，以及在印度、日本等国的几年传教经历相比，迈过中国的门槛尤其艰难。

那本《马可·波罗游记》中夸张的描述，令利玛窦心驰神往。然而，书上写的总是美好的，跟现实往往有很大差距。利玛窦来华之时，正是明朝后期。尽管朝廷结束了海禁政策，允许对外贸易，但仍没有主动将触角伸向辽阔海洋的念头。这跟元朝统治者对域外人士总体开放的态度大相径庭。因此，踏上这片神奇的土地后，利玛窦便剑走偏锋，用旁门左道来立足。

第一招，靠行贿获得定居权。想要在中国立足，必须首先搞定各级官员，跟他们打成一片。为此，他通过向明朝官员行贿，获得了在中国的定居权，还能到全国各地游历。要知道，清前期对外国人的这项特权是格外在意的，直到1858年《天津条约》签署，才算基本放开。我们也记得，葡萄牙人窃据澳门，最初也是通过向明朝官员行贿，获得在澳门晾晒货物的权利，从而得寸进尺的。可以说，朱元璋在明朝初年推行的一系列旨在治理吏治腐败的严刑峻法，到明朝后期已经基本不管用了。连外国人的礼都收，明朝官场之烂可见一斑。

第二招，靠先进器物跟官员打成一片。利玛窦努力学习汉语和儒学理论，跟中国的上流社会逐渐有了共同语言。在一些官员的介绍下，他成功打入中国士大夫交际圈。他用随船携带而来的星盘、三棱镜、风琴、自鸣钟等稀罕物件，让长期生活在封闭环境里的京官们大开眼界。

除了靠"奇技淫巧"，利玛窦还有"绝活"。他制作并印行的《山海舆地全图》，使明代中国人首次接触到了近代地理学知识，知道"天外有天"。这些"真本事"，为利玛窦赢得了众多"高大上"的拥趸。一直以异端形象呈现在世人面前的思想家李贽，虽然对程朱理学极尽挞伐，但对利玛窦赞不绝口，称他是"我所见人未有其比"。内阁首辅叶向高承认，利玛窦带来的物件"其技艺制作之精，中国人不能及也"。

第三招，靠进献方物获得传教权。跟士大夫们交好，使利玛窦获得了接近皇帝的机会。利玛窦以进献欧洲方物的名义，向万历皇帝呈送了《坤舆全图》等代表欧洲先进技术的礼品。万历帝对这些礼品深感兴趣。因此，利玛窦提出在中国传教的要求，很快就获得了批准。在他发展的教徒里，既有普通民众，也有像徐光启、李之藻等高级官员。他们无一例外，都是利玛窦的"粉丝"。

传教事业在中国的开展，使利玛窦来华的主要目的终于实现。这得益于四方面的努力：一是用中国传统文化来诠释天主教教义，使中国人更易于接受。二是与中国上流阶层，特别是儒生交往，培养共同兴趣爱好，使传教入教变得水到渠成。三是采取迂回策略，在传教的同时注重文化传播，介绍西方科技文明，帮中国人开阔眼界，改善生活，受更多民众欢迎。四是通过信札形式，向罗马源源不断地提供他在中国的见闻，这些情报传到欧洲，反倒成了西方人仰慕中国社会治理和文化传统的重要来源，吸引了其他传教士纷至沓来，有助于进一步推动中西文化交流。

纵观利玛窦的来华生涯，尽管过程艰辛，但效果还算好。不过，虽然他在古老中国的土壤里种下了西方文化的种子，但结出的果实寥寥无几。不仅皈依天主教的教徒凤毛麟角，而且尾随而来的西方传教士，再想在中国立足和发展，障碍将越来越多。

二、汤若望的"郁闷事"

在利玛窦的墓碑旁，长眠着另一位天主教耶稣会传教士。这位老家在德国科隆的大胡子爷爷，中文名叫汤若望。

跟利玛窦相似，汤若望在中国的传教策略，也是用西方科学技术开路。他在朝廷历法修订和火炮制造等方面多有贡献，是中国"西学东渐"的重要先驱。[①] 正因如此，他才在明清鼎革、朝代更迭

---

① 明崇祯七年（1634年），汤若望协助礼部尚书徐光启等人编纂《崇祯历书》。汤若望关于火炮铸造、保管、运输、演放，以及火药配制、炮弹制造等的原理和技术，经人整理口述资料，编成《火攻挈要》和《火攻秘要》，成为介绍西方火炮技术的权威著作。他还主持为明朝朝廷铸造了二十门大炮。

的大动荡中，不仅独善其身，而且发展得挺好。

清顺治元年（1644年），他用先进的天文和测绘仪器，准确预测这年八月初一日食的各个时刻，还说服摄政王多尔衮采用以《崇祯历书》为基础删节而成的《时宪历》。

正是这些不平凡的本领，使汤若望在中国的影响力，比利玛窦更进了一步。

明代崇祯年间，他铸造大炮的努力，虽然没能挽回明王朝覆灭的命运，但让天主教的传播更加广泛。汤若望甚至在皇宫里举行弥撒，收揽教徒。据说，崇祯年间，他在皇亲国戚、皇宫侍从里发展的教徒有三四百人。

清代顺治年间，他不仅靠编订历法，获得了太常寺卿的官职，而且得到了宣武门内的一块赐地，将利玛窦原先在这儿建的教堂重修扩建。这座宣武门堂，也就成了北京城里第一大天主教大教堂，俗称"南堂"。这里不仅是他传教布道的场所，还是他在京城的固定居所。宣武门内，黄金地段，多尔衮够意思！

此外，汤若望还得到了另一份工作，即钦天监监正，也就是国家天文台台长，办公地点就是今天北京东二环建国门附近的古观象台。

顺治八年（1651年），多尔衮去世，随即被亲政的顺治帝清算，搞得身败名裂。而汤若望非但没受牵连，反而过得更加如鱼得水。顺治帝尊称他为"玛法"，就是满文"老爷爷"的意思，可以说是非常信任他。汤若望可随意出入宫廷，建言献策。

顺治帝后患天花，不治身亡。[①] 他临终时曾向汤若望征求太子

---

① 关于顺治帝死因，学界曾有多种说法，包括出家、身患天花等。目前，多数学者采纳顺治患天花去世的说法。

人选的意见。汤若望提出了一个与众不同的意见：选个得过天花而依旧健在的皇子来当皇位接班人。这是因为天花传染性和致死性很强，但只要得过天花而没死，则几乎终生免疫。无论是顺治帝，还是汤若望，都希望下一任皇帝能长寿，维持大清王朝长治久安。

因此，玄烨在众多皇子中胜出。这位在天花的劫难中死里逃生，脸上还留有天花麻点的三阿哥，年仅八岁就被推上了皇位，这就是康熙皇帝。事实证明，汤若望是对的。康熙帝不仅活了六十九岁，是清代第二高寿皇帝，而且政绩卓著，开创了康乾盛世，堪称"千古一帝"。可以说，玄烨的胜出，汤若望功不可没。

顺治帝死了，康熙帝年幼，朝政大权掌握在索尼、鳌拜等四位顾命大臣手中。他们的执政思维总体保守。顺治帝在世时，汤若望备受荣宠，官职达到了一品，传教事业上也突飞猛进，各地耶稣会教徒总数达到十几万人，蔚为壮观。而这一切，在政治风气保守的环境里，只会招致羡慕嫉妒恨。

靠山没了，好日子结束了，政敌和麻烦很快就浮出了水面。赋闲的前明旧臣杨光先，撰写了《辟邪论》《摘谬十论》等一大批文章，批驳汤若望主持的《时宪历》如何不靠谱。后来觉得不过瘾，他又跑到礼部、通政司告状。看起来是攻讦历法，实则是冲着汤若望本人而去。

杨光先认为，天由二气结合而成，并非天主所造。而耶稣只是谋反事泄被依法处死的罪魁，绝非造天圣人。以此来否定天主教教义的公正性。说白了，就是看不惯天主教在中国的快速扩张，尤其看不惯汤若望带来的那些西洋器物，特别是看到一个洋人在中国做高官时，他们觉得别扭。

《时宪历》也被杨光先扣上了一顶帽子："籍大清之历以张大其西洋，而使天下万国晓然知大清奉西洋之正朔"，强调"谋夺人国是其天性，今呼朋引类，外集广澳，内宫帝掖，不可无蜂虿之防"。意思是说，尊奉的是西洋人的历法，清王朝这么做太丢人。

如果用一句话来概括杨光先高调找茬的出发点和落脚点，就是"宁可使中夏无好历法，不可使中夏有西洋人"。康熙三年（1664年），他呈递的《请诛邪教状》里，言明汤若望等传教士的罪名有三：潜谋造反、邪说惑众、历法荒谬。

这是要杀头的。

奏疏送到议政王大臣会议讨论。看起来比较开放，实际上大家都在摸底，谁也不想先开口，谁也不知道哪句话合乎常理，甚至是政治需要。因此，在这场议政王大臣会议上，大家几乎清一色持保守态度。

会审持续了将近一年。康熙四年（1665年）三月十六日，朝廷廷议做出结论：禁止耶稣会在中国传教，拘捕外省传教士三十多人。汤若望和他在钦天监的几个同僚全部被处死。

就在这个节骨眼上，北京连续5天发生了大地震。那时的人们相信"天人感应"，被这场大灾吓着了。虽然朝廷做出了处决汤若望的定案，但谁也不敢执行。关键时刻，还是太皇太后出来说了句公道话，力主开释，汤若望这才幸免一死。其他五名钦天监官员全都身首异处，耶稣会传教的事被彻底掐灭，《时宪历》也被废掉了。

汤若望虽然捡回一条命，但毕竟年逾古稀，经历了长时间查案的折腾，已经心力交瘁，第二年（1666年）便病逝了。举报有功的杨光先取而代之，成为新任钦天监监正。可是，他恢复的元朝旧历用了没几年，误差越来越大，越来越不好使。康熙七年（1668年）十一月，朝廷派员勘测，证实《时宪历》的准确度远高于旧历。杨光先在钦天监监正的大位上坐了不到二年，就被迫卷铺盖走人。

其后两年，迫害耶稣会传教士的政令先后翻案。南怀仁、利类思、安文思先后获释出狱，重新受到重用。南怀仁重返钦天监供职，所有被赶走的传教士回到教堂继续传教，《时宪历》重见天日，恢复运行。汤若望也恢复了"通玄法师"的称号，得以平反昭雪。康熙帝在他的墓碑上题写了一段祭文，其中有"鞠躬尽瘁，恤死报勤，国之盛典"的褒扬之语，作为对这位远道而来的德国传教士的高度评价。遗憾的是，他早已长眠在这片热土，再也看不到了。

值得注意的是，就在康熙八年（1669年），十六岁的康熙帝智擒鳌拜，铲除了朝廷里最大的保守派。也许这才是汤若望们命运发生转机的真正原因。

汤若望赢了，但他没有等到赢的那一天，当然很郁闷。汤若望输了，因为这场迟到的胜利，没有改变杨光先们的抱残守缺和盲目排外。保守势力和保守风气，依然笼罩在中国的上空，制约着中西文化的进一步交融。汤若望之后来华的传教士，再也不可能对朝政施加影响，甚至失去了公开传教的资格，只能作为旁观者，或者是皇帝的御用文人而留在中国。比如意大利人郎世宁，来华使命是传教，结果反倒进了如意馆，成为乾隆帝的宫廷画师。这是为什么？

面对根深蒂固的儒家传统，利玛窦主动学习儒家文化，融入儒家话语圈。他认为，中国文化中的"上帝""天""天主"三个词，都可以用来称呼造物主；祭孔和祭祖则表达了中国人民对"至圣先师"孔子和本家族祖先的崇敬。既然如此，那么利玛窦就提出一套入乡随俗的传教方式：允许教徒在不违反天主教基本教义的基础上，继续祭孔祭祖，读圣贤书。这是一个聪明的做法，得到了罗马教廷和多数传教士的理解和认可，被康熙帝称为"利玛窦规矩"。可是，利玛窦死后，情况逐渐变了。

一方面，罗马教廷对中国天主教徒将造物主称为"上帝"和在信教的同时祭孔祭祖表示不满，下令禁止。另一方面，康熙帝要求京城的教堂都要悬挂他亲笔题写的"敬天"二字牌匾，遭到传教士们的拒绝。这些冲突虽然时断时续，但在汤若望、南怀仁死后，总体愈演愈烈，引发清廷与罗马教廷的矛盾越发深刻。

康熙四十三年（1704年），罗马教廷将这种既信天主教，又祭孔祭祖，"脚踩两只船"的礼仪视为异端，宣布禁止。康熙帝闻讯，认为罗马教廷干涉中国内政，便一改对传教士的尊敬态度，转而对其拘捕、驱逐。康熙五十四年（1715年），清廷宣布禁止天主教在华活动。雍正帝继位后，传旨封闭教堂，限令传教士离境。其后一个多世纪，天主教在中国绝迹，一扇中西文化交融的大门，怦然关闭。

当然，天主教的失败并不意味着"耶稣"从中国消失。俄国传教士依旧在北京传播东正教，但受众有限，影响很小。

天主教重返东土，则是一百多年后的事了。在那场肮脏的鸦片战争中，传教士们"一手持利剑，一手拿圣经"，通过不平等条约，在中国内地重建和扩建教堂。可是，这些教会都是外国人控制的侵华工具，中国教徒根本没有当教会领袖的机会。

既然从利玛窦开始的传教努力，在康熙、雍正年间戛然而止，那为什么当时的欧洲人依旧对中国心驰神往？他们到底是怎样看待这个庞大帝国的？

三、启蒙思想家的"中国热"

1755年8月20日，一部反映中国故事的戏剧《中国孤儿》，在巴黎的剧院演出。全场爆满，轰动全城。它的取材来源，就是脍炙人口的《赵氏孤儿》。

故事讲述了春秋时期晋国权臣屠岸贾，将另一权臣赵盾满门屠戮时，屠岸贾的门客程婴不惜牺牲自己的幼子，将幸存的赵家孤儿掩护和救出，忍辱负重，暗中抚养十多年，待其长大成人后为全家报仇的故事。

《赵氏孤儿》是由天主教耶稣会传教士马约瑟于1735年传入法国的。伏尔泰看到这个剧本，很感兴趣，以它为素材创作出了《中国孤儿》。

选择《赵氏孤儿》，并非伏尔泰一时心血来潮。这是一部悲剧，活脱脱中国版《哈姆雷特》，催人泪下。它借助善恶交锋的悲剧情节来弘扬道义，唤起人们对理想人格的追求，这与伏尔泰的审美情趣是一致的。更重要的是，《赵氏孤儿》集中体现了中国道德和儒家文化的精髓，那就是忠诚献身的精神和舍生取义的品格。这正是中世纪晚期的法国社会亟须的内容。历史再次告诉我们，无论如何包装，文艺作品永远是内容为王。

其实，伏尔泰不光对《赵氏孤儿》情有独钟，对中国文化的关注和向往也是一贯的，有点铁杆粉丝的感觉。他称赞"中国是世界上开化最早的国家"。他对乾隆帝的诗相当崇拜，甚至有一种诗人之间的惺惺相惜。

伏尔泰没来过中国，他对中国的了解全来自传教士们的书札和日记，以及一些回忆录的描述。比如意大利人杜赫德在《中华帝国全志》里，就把中国描绘成一个无可挑剔的魅力国度：

> 中国人伦理道德的基础是经验而不是教条，主张开明专制的人从中看到了贤明的君主和近乎完善的监察制度，重农主义者从中找到了以农业为立国之本的例证。

伏尔泰对于中华文化的热爱，至少有两方面动因是不容忽视的：

一方面，中世纪的欧洲确实黑暗，专制统治阻碍社会进步，天主教会的禁锢束缚了人们的思想解放，伏尔泰渴望用不一样的制度、思维和风气，改变欧洲的现状。中国相对成熟的文化，成了他学习借鉴的榜样。至少，他认为中国实行的是开明君主制，要比欧洲的专制王权好得多。

另一方面，他的启蒙思想，矛头直指天主教会，他需要用非天主教的哲学思想，作为攻击教会上帝万能论的有力武器。在他看来，以孔子和儒学作为武器，似乎挺合适。他曾在著述中多次提到孔子，说"没有任何立法者比孔夫子曾对世界宣布了更有用的真理"。

作为欧洲最著名的启蒙思想家，伏尔泰的喜好引领了一批人。于是，在18世纪的西方世界就掀起了一股"中国热"。在当时的西方知识分子眼中，中国就是他们的曙光。

其实，光知识分子的崇拜是不够的。普通百姓对遥远而陌生的中国也有好感，甚至向往。其原因更多是经济方面的。中国的功夫茶，是英国上流社会的日常饮品；中国生丝制作的丝绸衣物，是英国上流社会出席高大上活动的重要装备；中国瓷器制作的茶碗、杯子等，在欧洲国家非常时尚。可以说，欧洲人的生活，已经越来越离不开中国元素。

实际上，伏尔泰对中国文化的崇拜并不盲目。在《论各民族的精神与风俗》（简称《风俗伦》）中，他扪心自问：为什么中国总在止步不前？为什么中国的天文学成就如此有限？为什么中国的乐谱没有半音？他没有将此归咎于中国自身的封闭保守，而是归因于东西方文明的迥然——或许中国人对祖先有一种不可思议的崇敬，认为一切古老的东西都尽善尽美。对于18世纪中国发展的短板，伏尔泰的态度是竭力往好的方面琢磨。

就在欧洲人对中华文化充满好奇和仰慕的同时，中国人也出现了一股热流，总结和归纳自己的文化，从中寻求新的发展动力。

四、中国城乡的"中国热"

清代学者钱大昕在《潜研堂文集》里这样说道：

> 古有儒释道三教，自明以来，又多一教，曰小说。小说演义之书，未尝自以为教也，而士大夫、农、工、商、贾，无不习闻之，以至儿童妇女不识字者，亦皆闻而如见之，是其教较之儒释道而更广也。释道犹劝人以善，小说专导人以恶……世人习而不察，辄怪刑狱之日繁，盗贼

之日炽，岂知小说之中于人心风俗者，已非一朝一夕之
故也。

如果说唐诗、宋词、元曲是各自朝代文学艺术的代表，那么小
说就是明清时代文艺成就的集大成者。不过，唐诗的兴起，既有科
举考试导向的因素，也有文艺创作习惯的成分，而明清小说不同，
更带有社会自发的色彩。

在钱大昕看来，小说"导人以恶"，破坏社会风气，有悖于传
统的主流价值观。其实，这正是当时市民文化的特色。小说格调随
意，受众面大，传播范围广，体验性强，更接地气。它的兴起，离
不开明代中后期社会发展的变化，特别是手工业和商业的繁荣，催
生了一个新的市民阶层——他们在经济上实现富足，政治上无法施
展，于是便在文化上有所追求。小说只是迎合这样的文化心理需求
而已。

中国历史上的文学作品，在格式工整、文字对仗上的要求，似
乎是越来越弱化。曾几何时，汉赋对辞藻的堆砌、文句的排比何等
讲究，汉乐府的辞藻就朴实了许多。唐诗讲究音律，而宋词、元曲
则变成了只是套用词牌、曲牌。到了明清小说，写作更加不拘一格，
格律、押韵全都烟消云散。从另一侧面讲，这也是封建社会人身依
附逐渐放松、市场经济和自由气息不断发展的结果。

明清小说的兴盛，离不开宋元时代话本的发展，特别是说书人
的日积月累，为其奠定了良好的群众基础。在君主专制不断强化的
背景下，社会矛盾丛生，新问题层出不穷，老问题反复叠加。一些
文人对社会现状不满，写出了批判现实的力作，这就是明清小说。

其内容虽然不讲当代，但总能找到当代的影子。

无论是《红楼梦》《水浒传》，还是《三国演义》《西游记》，无例外地展现了冲破传统束缚、追求个性解放、积极进取、奋发有为的精神，以及对社会现实的讽刺和鞭挞，形成了与儒、释、道传统主流价值观截然不同的新理念、新思维。

当然，文坛除了小说，戏曲也有了新进步。最著名的事件当属乾隆年间"徽班进京"，推动了京剧的发展成熟。京剧以其脸谱化的扮相，用近乎演义的方式固化了历史人物的大众印象，比如"蓝脸的窦尔敦盗御马，红脸的关公战长沙，黄脸的典韦白脸的曹操，黑脸的张飞叫喳喳"。尽管这些印象未必合历史事实，但的确起到了另类的文化传播和启蒙作用。京剧的出现，是市民文化走向繁荣的表现之一。

明清时，就在市民阶层对封建专制制度的怀疑、不满和抗争多次发生之际，儒家思想界也在经历着历史性巨变。宋代出现的程朱理学，对儒家思想进行了有利于君主专制的重新包装，并成为科举考试的必考内容和步入仕途的思想基础。

到了明清，无论是李贽的反权威学说，还是黄宗羲、顾炎武、王夫之的经世之学，都对程朱理学产生了普遍怀疑。理学家王阳明说："士以修治，农以具养，工以利器，商以通货，各就其资之所近，力之所及者而业焉，以求尽其心，其归要在于有益于生人之道，则一而已……四民异业而同道。"他特别强调"致良知"，也就是用实际行动实现良知，达到知行合一。王阳明所主张的良知，并非由皇帝说了算，而是靠士农工商各尽其责所达到的诚心诚意的境界。

因此，明清中国思想界、文艺界的"中国热"，用两个字概括，就是"务实"。直到今天，这样的精神依然得到普遍推崇。

无论是文艺作品，还是思想结晶，都在彰显与众不同的社会情绪。这只是帝国落日近在咫尺，盛世光环渐渐褪色的一个缩影。

18世纪后期，随着中国国家实力和区域经济影响力的不断上升，清廷迎来了更多试图探索和解谜的团队，包括大批外国人。他们本想来"偷师"，却发现这里其实并非十全十美。于是，西方人对中国的"光谱效应"产生了怀疑。这样的疑虑越来越强烈，而且一次次被残酷的事实印证。真相大白之际，便是"中国热"冷却之时。

真实的中国，到底是什么样的？18世纪的欧洲人到底该不该产生"中国热"呢？

五、"中国热"是如何冷却的

乾隆五十七年八月初十日（1792年9月26日），一支近七百人的庞大访华使团分乘三艘战舰，从英国朴次茅斯港扬帆起航，开始了穿越大西洋、印度洋、太平洋的中国之行。这是英国政府派出的史上最大规模使团，也是欧洲国家首次派出如此大规模的访华使团。[①]

这支庞大使团的团长马戛尔尼，打着给乾隆皇帝祝贺八十一岁

---

① 根据法国学者阿兰·佩雷菲特的说法，16世纪起，欧洲国家曾先后向中国派出15个使团。其中葡萄牙在1521—1754年试过五次，荷兰在1656—1686年试过3次，俄国在1656—1767年派出过七个访华使团。马戛尔尼使团算是第16个欧洲访华使团。托马斯·斯当东认为，"这个庞大的帝国过分相信自己的智力资源，所以不愿和欧洲各国建立关系，它幅员辽阔，所以别人无法强制它，它从不容许与西方发生任何关系"。参见［法］阿兰·佩雷菲特：《停滞的帝国：两个世界的撞击》，王国卿等译，北京：生活·读书·新知三联书店，1993年，第12页。

寿辰的名义，历经几个月的海上航行，来到中国。尽管他们为是否该入乡随俗给乾隆帝磕头的问题闹得不太愉快，但还是在承德避暑山庄的万寿庆典上获得了乾隆帝的接见和高规格礼遇。

作为当时世界上率先开始工业革命的殖民大国，英国万里迢迢派使团来华，主要目的可不是送礼效忠，而是冲着化解中英贸易障碍，推动中国结束闭关政策，扩大对外开放而来的。遗憾的是，中英双方似乎一直不在同一频道上。清廷拒绝了英方的所有要求，而且重申禁止在中国传播天主教。马戛尔尼使团乘兴而来，悻悻而归。

不过，为了顾及大国的面子，乾隆帝破例让他们从北京沿运河南下，而不是直接从天津上船入海。这样一来，马戛尔尼使团便深入中国腹地，从北到南，看到了"康乾盛世"的真实面貌。这些人回到英国后，纷纷出版了自己的游记、日记，不仅让自己赚足了稿费，而且让欧洲人大开眼界，对东方世界的印象发生了很大的变化。

使团的二把手斯当东在《英使谒见乾隆纪实》一书里，除了夸赞皇帝有威严、官员有礼貌、社会很平静、接待高规格，还注意到了这样一些现象：

> 不管是在舟山还是在运河而上去京城的日子里，没有看到任何人民丰衣足食、农村富饶繁荣的证明——触目所及无非是贫困落后的景象……在普通中国人中间，人们很难找到类似英国公民的啤酒大肚，或英国农夫喜洋洋的脸……他们每次接到我们的残羹剩饭，都要千恩万谢。

对我们用过的茶叶，他们总是贪婪地争抢，然后煮水泡着喝。

在马戛尔尼使团的成员眼中，这个国家并不像先前传说的那样富庶和开明。

清朝官员强迫大批百姓为英国使团的船只拉纤，拉一天"约有六便士的工资"，但没有回家的路费，因而许多人觉得不合算，拉到一半就跑了。巴罗《我看乾隆盛世》有如此记述：

> 为了找到替手，官员们派手下的兵丁去附近的村庄，出其不意地把一些村民从床上拉下来加入民夫队。兵丁鞭打试图逃跑或以年老体弱为由要求免役的民夫的事，几乎没有一夜不发生。看到他们当中一些人的悲惨状况，真令人痛苦。他们明显地缺衣少食，瘦弱不堪。他们总是被兵丁或什么小官吏的随从监督着，其手中的长鞭会毫不犹豫地抽向他们的身子，仿佛他们就是一队马匹似的。
>
> …………
>
> 就现在的政府而言，有充分的证据表明，其高压手段完全驯服了这个民族，并按自己的模式塑造了这个民族的性格。他们的道德观念和行为完全由朝廷的意识形态左右，几乎完全处在朝廷的控制之下。

而据《赴华使团：1793—1794年觐见乾隆皇帝使团期间马戛尔尼勋爵的日记》载，中国之行，给马戛尔尼留下了一个非常糟糕的印象：

> 自从北方或满洲鞑靼征服以来，至少在过去的　百年
> 里没有改善，没有前进，或者更确切地说反而倒退了，当
> 我们每天都在艺术和科学领域前进时，他们实际上正在成
> 为半野蛮人。

欧洲人心目中的天堂，被说成了"半野蛮人的家园"，这样的
宣传效果当然是灾难性的。

据《英使谒见乾隆纪实》载，结束访华行程后，马戛尔尼对乾
隆统治的清帝国，做出了这样的评估：

> 清帝国好比一艘破烂不堪的头等战舰，它之所以在过
> 去一百五十年中没有沉没，仅仅是由于一班幸运的、能干
> 而警觉的军官们的支撑，而它胜过其邻船的地方，只是它
> 的体积和外表。但是，一旦一个没有才干的人在甲板上指
> 挥，那就不会有纪律和安全了。

国家富庶、军备严整的外表，在马戛尔尼面前，并没有掩盖清
王朝固有的虚弱。这样的评估，与深居皇宫的传教士们带出来的见
闻和记述截然不同，几乎是颠覆性的。

如果说马戛尔尼使团由于外交任务没能完成，而在著述中带有
对中国的某些偏见的话，那么二十多年后英国政府派出的另一个使
团——阿美士德使团，在同样的使命遭到清廷拒绝，甚至连皇帝的

面都没见到后，便在《停滞的帝国：两个世界的撞击》中留下了这样一段记述：

> 在中国，看似是一片太平盛世，实际上沿途的许多盛世景象都是摆出的花架子。看似是东方的头号强国，实际上是积贫积弱之邦。通商对两国都有好处，而清朝的政府却很愚昧，不懂得互利共赢。我认为只有通过战争的方式，才能使他们明白，打开国门对大家都有好处。

马戛尔尼和阿美士德对中国的看法，虽然有偏见，但他们确实看到了18世纪末19世纪初中国社会的另一面：绸缎依旧是那块绸缎，只是上面爬满了蚊虫。

在越来越多的负面记述开始充斥欧洲大陆时，对中国怀有崇敬之情的人越来越少，欧洲的"中国热"宣告冷却。取而代之的是怀疑、小觑，甚至鄙夷。到19世纪后期，这种不屑的态度越来越浓厚，直至为中国人冠上"东亚病夫"的丑化称号。

与此同时，清王朝由盛转衰，中国逐步沦为半殖民地半封建社会。

六、解不开的"李约瑟难题"

一个研究生物化学的英国老头，在读了中国历史后，忽然生发出一个疑问：为什么中国曾在十几个世纪里全面领先欧洲，而又在17世纪以后逐渐落伍了？

这个疑问萦绕全球学者很多年，不少人给出了答案，但没有办法验证这些答案是否正确。于是，疑问一直无解，直至今日。

这个疑问，就是"李约瑟难题"。提出这个疑问的英国老头，就是近代生物化学家和科学技术史专家李约瑟。再次强调，他是英国人。

李约瑟也为自己提出的这个疑问皓首穷经，花费大量精力来寻求答案。而他找到的答案，似乎是凌乱而多维的。我们先看他在牛津大学演讲时的部分发言：

> 无论是谁想要解释中国社会未能发展出近代科学的原因，那他最好是从解释中国社会为何未能发展商业的以及后来的资本主义入手……如果中国社会曾可能出现类似于西方的社会和经济的变革的话，那么在那里也许本来是会出现某种形式的近代科学的。

李约瑟在《中国科学技术史》一书中强调："过去，中国是和外界有接触的，但是，这种接触从来没有多到足以影响它所特有的文化以及科学的格调。"这似乎为前面的演讲内容给出了一部分答案，也就是中国社会不愿意变革和发展商业的原因之一，是自身的封闭性，是对外来影响的排异反应。

李约瑟还给出了其他一些有支撑力的观点：

——中国的封建官僚体制推崇"重农抑商"政策，不认可引领市场的新理念。中国是官僚体制，此体制的存在主要是为了维护灌溉体系的需要……它最初适宜于科学的成长，然而却阻碍了重商主义价值观的形成，所以它没有能力把工匠们的技术与学者们发现的数学和逻辑推理方法结合在一起，因此，在现代自然科学的发展过程中，中国没有成功地实现向现代的过渡，故而落后了。而欧洲是"贵族式封建体制"，这种制度有利于商人阶层的产生。当贵族衰落之后，资本主义和现代科学便诞生了。

——儒家传统消减了中国人的自然关怀，阻碍了对自然世界的追索。儒家思想强调"天人合一"，看重处世技巧，忽略自然要素，看重道德伦理，而把自然科学视为末学，强调社会等级秩序的神圣和永恒，忽视了社会的变化与发展。

——科举制度的蜕变将考试内容单一化，考试目的功利化，束缚了人们的创造性和发散性思维。程朱理学的兴起和八股取士的制度化，使科举考试完全沦为全国知识分子"学而优则仕"的敲门砖。这样的职业导向使官府选拔的人才都只为统治者服务，重文轻理，没人有动力从事自然科学研究。为应对科举考试，许多学校、私塾都采取满堂灌的教学方式，不利于培养学生自主思考的能力，也就逐渐扼杀了人们的创新意识。

——重实用轻理论的思维方式，使中国的科技发展长期停滞在"经验阶段"。中国是传统的农业大国，农业文化严重依赖耕种经验和技术，中国传统科学因此有着很强的实用性。像"四大发明"，更多的是应用技术，而并未从中归纳出多少类似牛顿三大定律那样的科学理论和原则。即便到了明清时期，《农政全书》和《天工开物》虽然总结了中国历代重要的农业和工业技术，但仍未将其上升到理论层次。

——特殊的地理环境造就了近代中国的封闭保守。李约瑟发现，中国作为大陆国家，东、南两面临海，西南和西北都是高山环抱，陆路的唯一出口在北方。而有感于北方游牧民族的滋扰，秦汉至明朝，历代统治者都修建了长城，在一定程度上阻遏了与北方游牧民族的通商交流。这样的地形地貌，使中国很难与外界充分交流。相比而言，欧洲被大海环绕，发展航海、贸易自然成了首选，开拓、创新、冒险，也成为弄潮儿的代名词。

——人口膨胀带来的普遍贫困，使中国人长期为稻粱谋，无暇从事科学研究。明清时期，中国人口总数突破一亿，到道光年间达到四亿，数量空前。人多地少的局面和男耕女织的小农经济形态，使社会普遍面临解决温饱难、抵御灾害难、脱贫致富难的问题。如此一来，人们把大量精力和资金投放到吃饭上，对科学研究等高一个层次的社会投入就会相应减少，自觉开展科学研究的主动性就会降低。

这些观点，都能反映问题的某个侧面。当然，我们还不能忽视生产技术、社会意识对解读"李约瑟难题"可能起到的作用。

18世纪的欧洲，蒸汽机的发明推动了工业革命的开展，改变了欧洲经济发展的惯有轨迹。机器大工业在大幅度提升劳动生产率的同时，也逐渐将技术革新过程中总结的规律性内容进行归纳概括，从而促进科学进步。

14—16世纪的文艺复兴，让西方人借古典文化冲破了中世纪的蒙昧主义和神秘主义迷雾，提供了人们自由表达观点的机会，为科学进步和社会前进扫清障碍。比如哥白尼的"日心说"，就对宗教权威发出了挑战。

"李约瑟难题"是个老生常谈，其中还夹杂着对于"西方中心论"和"中国中心论"的争执。时间久了，就会被人淡忘。不过，国家最高决策层并未忘记。

2014年6月9日，习近平总书记在中国科学院第十七次院士大会、中国工程院第十二次院士大会上讲了这么一段话：

我一直在思考，为什么从明末清初开始，我国科技渐渐落伍了。有的学者研究表明，康熙曾经对西方科学技术很有兴趣，请了西方传教士给他讲西学，内容包括天文学、数学、地理学、动物学、解剖学、音乐，甚至包括哲学，光听讲解天文学的书就有100多本。是什么时候呢？学了多长时间呢？早期大概是1670年至1682年间，曾经连续两年零5个月不间断学习西学。时间不谓不早，学的不谓不多，但问题是当时虽然有人对西学感兴趣，也学了不少，却并没有让这些知识对我国经济社会发展起什么作用，大多是坐而论道、禁中清谈。1708年，清朝政府组织传教士们绘制中国地图，后用10年时间绘制了科学水平空前的《皇舆全览图》，走在了世界前列。但是，这样一个重要成果长期被作为密件收藏内府，社会上根本看不见，没有对经济社会发展起到什么作用。反倒是参加测绘的西方传教士把资料带回了西方整理发表，使西方在相当长一个时期内对我国地理的了解要超过中国人。这说明了一个什么问题呢？就是科学技术必须同社会发展相结合，学得再多，束之高阁，只是一种猎奇，只是一种雅兴，甚至当作奇技淫巧，那就不可能对现实社会产生作用。

在这段话里，习总书记重新提出了"李约瑟难题"。他注意到清代曾经引入自然科学，最高统治者热爱自然科学。然而，这些自然科学的成果，都被束之高阁，成为奇技淫巧，无法转化为经济增长的内生动力。这个问题，习总书记也在思考。

同样是这篇讲话，习总书记讲道："明代以后，由于封建统治者闭关锁国、夜郎自大，中国同世界科技发展潮流渐行渐远，屡次错失富民强国的历史机遇。……必须深化科技体制改革，破除一切制约科技创新的思想障碍和制度藩篱……"

说白了，改变民族命运，推动民族复兴，靠的就是摒弃封闭、解放思想、深化改革、开放包容。解决"李约瑟难题"，靠的就是这些。遗憾的是，康熙之后的皇帝，并没把"奇技淫巧"放在眼里。即便是康熙帝，跟洋人的物品打交道，也是谨慎小心，唯恐出差错。

这几本书值得读一读：

1.〔意〕利玛窦、〔意〕金尼阁：《利玛窦中国札记》，何高济等译，何北武校，北京：中华书局，1983年。

2.潘吉星主编：《李约瑟文集》，沈阳：辽宁科学技术出版社，1986年。

3.许明龙：《欧洲十八世纪"中国热"》，北京：外语教学与研究出版社，2007年。

4.〔英〕乔治·马戛尔尼、〔英〕约翰·巴罗：《马戛尔尼使团使华观感》，何高济、何毓宁译，北京：商务印书馆，2013年。

第四专题

被误读的历史

意大利历史学家克罗齐曾说："一切历史都是当代史。"尽管我们可以目睹、可以耳闻，甚至可以亲历历史，但仍逃不过历史的障眼法。不同的人，不同的机构，不同的国度，记述同一段历史，不仅选材和角度会有所不同，而且历史观点和主张也会大相径庭，甚至会出现事实不清、前后矛盾的情况。有许多看似无可争议的历史情节，其实被误读了。明清时代是在中国封建王朝里距离今天最近的。最近的时代，最多的史料，争议的案例也最多。

我们选取的几个侧面，包括宏观层面的改革和战略，微观层面的英雄和战争，都只是一个时代的片段，但窥一斑而知全豹。我们倡导的"以史为鉴"的前提，就是要"正本清源"，搞清历史的本来面目。

第九章
被误读的改革

崇祯初年，在京城的一家驿馆里，传出了男哭女叫的声音。当然，不是在玩闹，是真的在打架。不是男打女，是女打女，而事情的男主角，则是跪在一旁，像捣蒜一样磕头求饶。

打人的，是老婆。挨打的，是小情人。磕头的，是个官老爷，名叫毛羽健。

虽说打人不对，但毛羽健自知理亏。毕竟，他包养了小情人，对不起老婆在先。

可是，谁也没想到，这场夫妻战争的闹剧，竟然导引出一出改革大戏，改变了中国历史的轨迹，甚至敲响了埋葬明王朝的丧钟。这是怎么回事？

一、福祸相倚

还要从毛羽健的发迹史说起。

天启二年（1622年），湖北籍的毛书生考取进士，踏上了做官之路，先后当过万县知县和巴县知县。这两个地方就在今天的重庆万州区和巴南区，虽说现在都是好地方，但在那个年代，还是比较穷，交通也不便。不过，对于这么个没什么背景的穷书生来说，金榜题名之后就混了个七品官，还能在几年间实现一次平级轮岗，也算是很好的起步了。

这几年，毛羽健没闲着，工作很卖力，跟上级关系处理得也不错，得到赏识，获准调任云南道监察御史。这个差事不是在云南办公，而是在北京——待在朝廷的都察院里，分管云南片区的监察工作。虽还是七品官，但权力更大。

毛羽健为官正直，履职尽责，上来就把阮大铖等贪官弹劾了。可他有所不知，阮大铖是皇上身边红人魏忠贤的党羽。按说，监察御史的主要任务就是弹劾坏人，可到了魏忠贤这儿，弹劾坏人反倒成了罪过。毛羽健不仅因此丢了官，还被除了籍，在明朝职官序列里，再也没了一席之地。这就意味着，进士白考了。要想当官，一切从头再来。京城再无容身之地，他只好灰溜溜地回了老家。或许，闭门在家的几年，是他人生中最感窝囊的时光。

俗话说，物极必反，否极泰来。有时候利空出尽，利好就来了。就在他考中进士后的第六年，明熹宗（天启）皇帝死了，他的弟弟崇祯皇帝登基。紧接着，崇祯帝将魏忠贤赐死，阉党官员纷纷降职罢官，而原先被阉党打击陷害的官员，则被视为正义的化身，先后重出江湖。毛羽健也跟着沾了光，朝廷给他恢复了监察御史职务。他大摇大摆地回到京城，满面春风，踌躇满志，觉得碰到了明君，应该干一番大事业。

有时候，总把自己摆在成功者的位置上，也不见得是好事。扬眉吐气之后的毛羽健认为，繁忙的工作之余，应该"享受生活"了。于是，趁着糟糠之妻不在身边，他在京城包养了一个小情人。两个人出双入对，如胶似漆。

一切似乎既平静，又甜蜜。然而，突然有一天，这番平静和甜蜜的气氛被打破了。

原来，毛羽健的糟糠之妻温氏找上门来，见到小情人就是一顿胖揍，打个半死。毛羽健自知理亏，跪在地上一天一夜，祈求老婆大人高抬贵手。这位温夫人性情彪悍，估计毛羽健丢官赋闲的几年，没少受她数落。

好不容易过了这关，毛羽健躺在床上辗转反侧：老婆怎么知道我在京城包养了情人，又如何能在这么短的时间里，从遥远的湖北老家赶到京城？他觉得，唯有快速通畅的驿道和每隔几十里设置的驿站能帮她。好啊，我的红颜美事，就是被这驿站给毁了。他恨得咬牙切齿，决心借助监察御史有资格给朝廷上书的机会，向皇帝奏请裁撤驿站。

他不光这么想，而且这么干了。

都察院的监察御史，本来也是皇帝用来限制相权的一个抓手，虽然其官阶不高，却可直接给皇帝上书，举报官员，臧否朝政，起到行政监督的作用。然而，毛羽健似乎在滥用职权。裁撤驿站的想法，从逻辑上就是强词夺理，从动机上纯粹以权谋私。

不过，在他写的奏疏里，还是把驿站的弊端展现得淋漓尽致，看《明史·毛羽健传》里这一段：

> 兵部勘合有发出，无缴入。士绅递相假，一纸洗补数四。差役之威如虎，小民之命如丝。

在明朝，驿站作为官府设立的机构，只有拿到兵部核发的"勘合"，也就是许可证，才能使用。兵部的"勘合"在任务完成后就要交回。可在实际执行过程中，"勘合"发出的多，交回的少，有些"勘合"就流传到民间，导致出现了许多冒用驿站设施服务的现象。这种情况增多后，既给官府惹麻烦，也给百姓添负担。因此，他建议将这些驿站就地裁撤。

那么，明末驿站的毛病究竟有多少？

二、问题成堆

明朝后期，驿站管理非常糟糕。有些驿站装潢得非常奢华，成了拉关系、求升官的场所；更多驿站年久失修，管理混乱。正如嘉靖二十一年（1542年）一份圣旨所说，"近年以来，驿递疲惫太甚，良由差役浩繁，加以包揽之徒，倚公侵费"。决策层意识到，驿站非改不可。

嘉靖三十四年（1555年），清官海瑞发现，驿站的最大难题是耗费巨大，地方官府苦不堪言。造成这个局面的原因，竟然是明朝的财政支出科目里没有"差旅费"一项。

驿站名义上隶属兵部。过境官员凭兵部开具的文书，就可享受驿站提供的相应待遇。不过，兵部只开单子不拨款，驿站的招待费都是所在州县衙门自行承担。

明初，官僚机构较小，朱元璋管得很严，据说一品官出门，随行不得超过十人，行李不得超过两百斤。因此，这方面的开支不算多。到嘉靖年间，官僚机构膨胀，繁文缛节增多，官员出差频繁，接待开支骤增。有些官员出行，排场很大，车马随从，成群结队，驿站苦不堪言。一旦州县衙门接济不上，驿站就会难以维系，甚至逐渐荒废。

摆清问题后，海瑞悒出了三个解决方案。

上策是"一切裁其不合法例者，复国初五马三驴之法"。明初，每个驿站只配五匹马、三头驴。路过的官员和信使，长途的骑马，短途的骑驴，够用即可。海瑞借恢复祖宗之法，简化问题，减轻州县负担。

中策是制定对过境官员的接待标准。凭证入住驿站，一切按规矩来，否则恕不接待。

下策是接待过境官员时不搞迎送仪式，管好必要的吃住即可。

海瑞的建议，核心精神就是节约开支。然而，这三个方案都冲击了官僚集团公物私用的便利，故被长期束之高阁。

万历初年，首辅张居正在海瑞建议的基础上，对驿站体系进行了外科手术式的改革。他首先从限制特权入手，下令禁止非公滥用，禁止加派人手，禁止多吃多占，禁止摊派私费等。驿站的额外负担大幅减轻，送信效率显著提高，经费开支压缩了三分之一，在一定时期内实现了"清驿递以恤民劳"，"小民欢呼歌诵（颂）"。

遗憾的是，张居正改革只推行了十年。他去世后，保守派借口"裁削过当""累民贫民"，呼吁"宽驿站之禁"，把改革措施都给废除了。禁令没了，开支浩大的问题重新困扰各地的驿站。

萦绕明王朝两百多年的驿站问题，说白了还是官员待遇问题。由于正常薪酬低得可怜，官员们便把"以权谋私"看作理所应当的事，拼命消费公家财产。明王朝再家大业大，也禁不住几百年如一日的挥霍。到了崇祯初年，驿站真的成了朝廷的包袱。

裁撤驿站或许是迟早的事。只不过，毛羽健把这个问题提前搬了出来。

三、改革走偏

崇祯皇帝看完这篇奏章，犹豫再三，还是不敢把祖宗留下来的驿站制度说裁就裁。

毛羽健的奏疏白写了。

正巧，毛羽健有个在刑部做官的亲戚，名叫刘懋。他觉得毛羽健的建议有道理，便也给皇帝写了一份奏章，主张裁撤驿站。他的理由很明确：撤掉驿站可以给朝廷省出百万两白银，足以弥补军费亏空，并用于对后金的战争。

崇祯帝上台之初，就面临着后金可汗皇太极咄咄逼人的架势。袁崇焕虽然在宁远、锦州一线布防，挡住了皇太极的兵锋，但前线将士普遍欠发饷银，随时有可能哗变。朝廷并非有意赖着不给，而是实在拿不出这么多银子来弥补军费亏空，毕竟"巧妇难为无米之炊"。崇祯皇帝每天一睡醒，就要为这些钱发愁。

刘懋的建议点中了崇祯帝的命门，说到了他的心坎上。

在崇祯帝看来，裁撤驿站不仅能缓解钱荒，而且能根治驿站体系的积弊，这是两全其美的事啊，还等什么？裁吧！

这一裁不得了，无数驿卒的饭碗就给砸了，其中包括一个人，名叫李自成。

他是陕西米脂人，出生于李继迁寨。传说寨里住的都是党项族人李继迁的后裔，而李继迁就是西夏开国君主李元昊的祖父。这么说来，李自成也算是名门之后。不过，这些老皇历，跟李自成本人的命运几乎没什么关系。

李自成是个苦命娃，父亲英年早逝，自己与母亲相依为命。李自成从小不爱读书，就喜欢舞枪弄棒。他当过兵，退伍后托关系进入银川驿站当了一名驿卒。虽然薪水不高，但也算在体制内，吃的是皇粮、旱涝保收，有时候承接迎送仪式，还能从中吃点回扣，日子过得不算差。照这样下去，他顶多当个驿丞，一辈子默默无闻，却也衣食无忧。

崇祯元年（1628年），毛羽健和刘懋的奏请，改变了李自成的命运。朝廷宣布裁撤驿站。就在这一年，李自成由于工作失误，丢了公文。上级正发愁裁谁合适，干脆就以这件事为借口，先把李自成给裁了。

铁饭碗没了，家里的生计也断了，李自成只好回老家。更关键的是，他还欠了一屁股债。就在这年冬天，举人艾诏把他告到了米脂县衙，理由就是李自成欠债不还。米脂知县晏子宾也不含糊，弄清案情后，直接将他"械而游于市"，带上刑具游街，还要处死。还好李自成命大，被亲戚保出来，捡了一条命。

李自成认为，倒霉事都是艾诏惹来的。于是就把这个艾诏给杀了。

没过多久，李自成又杀人了——他发现妻子跟别人通奸，于是把妻子杀了。

两条命案，震惊全县。倘若李自成落到官府手里，肯定是死路一条。

崇祯二年（1629年）二月，身陷绝境的李自成离开米脂，到甘肃甘州（今张掖市甘州区）投军，很快就被提拔为把总。军队开拔，来到榆中（今兰州榆中县），由于欠发饷银，他就鼓动一批心怀怨恨的官兵发动兵变，杀死参将和知县，揭竿造反。又过了一年，他自忖势单力薄，就投靠了农民起义军里实力最强的"闯王"高迎祥。

高迎祥死后，李自成成为新的"闯王"，率军席卷中原，攻克北京，埋葬了明王朝。

那么毛羽健呢？裁撤驿站的奏请，并没有让他官升三级。不久，抗击后金有功的名将袁崇焕被诬陷谋反，下狱凌迟处死。毛羽健由于替他说过好话，被视同党羽，再次丢官，最后郁郁而终。

有人说，如果毛羽健不养小情人，或者他的老婆没有上门捉奸，或许他不会提裁撤驿站的建议，也就不会抢走李自成的饭碗，逼后者造反。有人说，即便李自成不反，也会有张自成、王自成等失业驿卒造反。历史，总是在偶然性与必然性的交替往复中，构建一个个奇特的轮回。

平心而论，崇祯帝的裁驿改革，"驿站所裁，才六十万，未足充军饷十一，而邮传益疲"，好比剜肉补疮，旧疮未愈，而新疮已经溃烂。这项改革本身，并没有给日渐枯竭的朝廷财政带来多大的利好。

最糟糕的当属驿卒。失业之后的他们没有一技之长，几乎无路可走，只好相约而行，上山为匪。正如左都御史唐世济所说，"流寇有四，一乱民，一驿卒，一饥黎，一难民"。裁撤驿站过猛引发的驿卒大量失业，以及参加起义，是将明末农民战争推向高潮，并最终推翻明王朝的重要原因。

当李自成步入承天门，享受胜利的欢呼之时，一定想不到，迫使他走上造反之路的，竟是一位七品监察御史养小三惹的祸。

当崇祯帝在万岁山上吊，留下遗诏渴望悲悯的同时，也肯定想不到，一个七品官养小情人的小事，竟然能让大明王朝这艘巨轮倾覆！

毛羽健与明王朝的故事告诫我们：千里之堤，溃于蚁穴。全面思考，慎重决策，防患未然，才是王道。

1644年，北京城头变幻大王旗，中国迎来了一个充满争议的全新时代。君相之争，也将在这个时代画上休止符。

这次不推荐书了，可以读读《明史》，尤其是列传第一百四十六，也就是《毛羽健传》。以下摘自《毛羽健传》：

> 毛羽健，字芝田，公安人。天启二年进士。崇祯元年由知县征授御史。好言事，首劾杨维垣八大罪及阮大铖反覆变幻状，二人遂被斥。
>
> 王师讨安邦彦久无功。羽健言："贼巢在大方，黔其前门，蜀、遵、永其后户。由黔进兵，必渡陆广奇险，七昼夜抵大方，一夫当关，千人自废，王三善、蔡复一所以屡败也。遵义距大方三日程，而毕节止百余里平衍，从此进兵，何患不克？"因画上足兵措饷方略，并荐旧总督朱燮元、闵梦得等。帝即议行，后果平贼。已，陈驿递之害："兵部勘合有发出，无缴入。士绅递相假，一纸洗补数四。差役之威如虎，小民之命如丝。"帝即饬所司严加厘革，积困为苏。
>
> 当是之时，阉党既败，东林大盛。而朝端王永光阴阳

闪烁，温体仁猾贼，周延儒回佞。言路新进标直之徒，尤竞抨击以为名高。体仁之讦钱谦益也，以科场旧事，延儒助之恶，且目攻己者为结党欺君，帝怒而为之罢会推矣。御史黄宗昌疏纠体仁热中枚卜，欲以"结党"二字破前此公论之不予，且箝后来言路之多口。羽健亦愤朋党之说，曰："彼附逆诸奸既不可用，势不得不用诸奸摈斥之人。如以今之连袂登进者为相党而来，抑将以昔之鳞次削夺者为相党而去乎！陛下不识在朝诸臣与奸党诸臣之孰正孰邪，不观天启七年前与崇祯元年后之天下乎，孰危孰安？今日语太平则不足，语剔弊则有余，诸臣亦何负国家哉！一夫高张，辄疑举朝皆党，则株连蔓引，不且一网尽哉！"帝责羽健疑揣，而以前条陈驿递原之。

太常少卿谢升求巡抚于永光，永光长吏部，升当推蓟镇，畏而引病以避，后推太仆则不病。羽健劾升、永光朋比，宜并罪。永光召对文华殿，力诋羽健，请究主使之者。大学士韩爌曰："究言官，非体也。"帝不从，已而宥之。一日，帝御文华殿，独召延儒语良久，事秘，举朝疑骇。羽健曰："召见不以盈廷而以独侍；清问不以朝参而以燕闲。更漏已沉，阁门犹启。汉臣有言'所言公，公言之；所言私，王者不受私'。"疏入，切责。羽健既积忤权要，其党思因事去之。及袁崇焕下狱，主事陆澄源以羽健尝疏誉崇焕，劾之，落职归，卒。

第十章
被误读的大战略

乾隆四十九年（1784年），杭州。

这是乾隆帝第六次南巡，也是最后一次。就在这趟江南之行即将结束之际，他发表了这辈子最重要的一篇文稿——《南巡记》。他从五十年来自己做过的众多大事里，只挑出了最重要的两件：西师和南巡。而且把"西师"放在了"南巡"之前。

老皇帝日理万机，操劳一生，为何要把这"西师"排在最前列？

其实，"西师"这件事，正是明清两朝一以贯之的大战略，而在相当长的时间里，其中的很多细节都被误读了。

真相，究竟如何？

一、"西师"四百年（上）

清王朝是马背上的民族建立的封建王朝，但绝不意味着当它入主中原后，会继续热衷穷兵黩武，东征西讨。然而，它面对的边患，比明代的鞑靼、瓦剌更凶悍、更难缠。

洪武元年（1368年），明朝大将徐达、常遇春率军北伐，攻占元大都。元顺帝仓皇逃往塞外。随后，明朝朝廷组织人力重修长城，沿长城内外部署九个军事据点加强防御，历史上称为"九边"①。朱元璋还先后派遣徐达、傅友德、蓝玉等将领率军出征，跨越长城，连续击溃元朝残余势力，使之失去重返中原的能力。

15世纪初，元朝残余势力在衰落中走向分裂。大漠以北的蒙古帝国分成了瓦剌和鞑靼两个大的部落。由于鞑靼处在明朝长城沿线的正面，实力强大，而瓦剌偏居西北，暂时对明朝不构成威胁，明成祖朱棣便以鞑靼为主攻对象，连续多次亲征漠北。连续的打击使鞑靼走向衰落，而瓦剌渔翁得利。

朱棣连年穷兵黩武，使以农业立国的明王朝，在经济上难以承受。因此，接下来的两位皇帝，也就是明仁宗朱高炽和明宣宗朱瞻基，都变扩张为收缩。郑和下西洋的壮举成了绝唱，远征安南也以撤军告终。尽管明朝将都城迁到了北京，实现了"天子守边"的理想，但对北方草原民族的军事态势，由主动进攻转为重点防御。

其后，瓦剌的崛起和强势，不仅使之囊括了整个蒙古草原，而且成为明王朝的心腹大患。正统十四年（1449年），明英宗朱祁镇打算改弦更张，主动出击，跟瓦剌较量一番。可是，盲目自大和战术失误，使明军在土木堡大败，不仅损兵折将，而且皇帝还当了俘虏。瓦剌首领也先率军乘胜破关，围攻北京。尽管兵部尚书、爱国英雄于谦领导的北京保卫战取得了胜利，但也只是将瓦剌骑兵赶出长城沿线，并没有彻底根除边患。

其后一个多世纪，瓦剌内乱，走向衰落，鞑靼复起，统一蒙古草原，连年冲击长城沿线，九边频频拉响警报。最糟糕的一次是嘉

---

① "九边"分别是辽东镇、蓟州镇、宣府镇、大同镇、偏头关、延绥镇、宁夏镇、固原镇、甘肃镇。

靖二十九年（1550年），鞑靼骑兵深入京郊蹂躏，京城九门紧闭。而此时的明王朝，内外矛盾丛生，已不复土木堡之变后上下一心、共抗强敌的景象了。这样被动挨打的局面，直到隆庆、万历年间才有所改观。

不可否认，平定倭寇的战争，给了明朝军队重组和锻炼的契机，也使明朝决策层终于摆脱东南战略方向的压力，转而将关注重点挪到北方。嘉靖末年朝廷内阁的变局，特别是严嵩去职、徐阶接班的新局面，为一批能臣干将的上位提供了舞台。隆庆开海和张居正改革，使明朝的财政状况有所好转，为加强对鞑靼的积极防御提供了物质条件。

接下来，便是戚继光从闽浙被调到北方，成为重修长城、防御鞑靼的重要棋子。作为接受过战争洗礼的虎狼之师，戚家军的战斗力和装备相对较强。鞑靼的俺答汗非但在军事上占不到便宜，反而因为双方的战争状态影响了边贸，导致生计出了状况。无奈之下，他只好跟明朝讲和，接受明朝册封。此后，明朝和鞑靼之间再无大规模战争，来自北京西北方向持续两百年的梦魇，这才彻底化解。

明朝和鞑靼进入和平共处时期，并不意味着鞑靼的好日子就来了。俺答汗死后，鞑靼各部又陷入了无休止的混乱之中，逐渐分裂为漠北蒙古和漠南蒙古，而远在西域的瓦剌，则变成漠西蒙古。

漠南蒙古是早先追随俺答汗到长城附近、跟明王朝和平共处的鞑靼势力，分为科尔沁部、察哈尔部等多个部落。科尔沁部一直跟后金关系不错，先后把多位公主嫁给后金的君王，比如皇太极的一个皇后、四个妃子，都来自科尔沁部的孛儿只斤（博尔济吉特氏）家族。其中的布木布泰，被封为庄妃，诞育福临（顺治皇帝），也就是后来有名的孝庄皇太后。

相比之下，察哈尔部就不怎么友好了。他们的首领林丹汗，是一位雄心勃勃的君主，一直渴望重振黄金家族的荣耀。可是，他的四处扩张遇到了强劲对手——位于侧翼的后金王朝。就在明朝忙于镇压高迎祥、李自成农民起义之际，皇太极先后多次与察哈尔部进行了殊死较量。最终，林丹汗战败逃亡，死在了青海，他的妻子和部属全部落入敌手。

林丹汗之死，标志着一个时代的结束。在经历了分裂和走马灯般崛起—衰落—再崛起—再衰落的历史进程后，成吉思汗的子孙，终于将黄金家族的事业推向了终点。

自此，漠南蒙古纳入了后金—清王朝的势力范围，成为满蒙联盟的组成力量。而随着后金改国号为清，及其几年后进入北京，中原王朝与北方草原民族关系的新时代拉开了帷幕。

二、"西师"四百年（下）

漠北蒙古，又叫喀尔喀蒙古。它虽然是鞑靼达延汗的后裔，但到了17世纪已经分成札萨克图汗、土谢图汗和车臣汗三个部落。清朝入关前后，这三个部落向清朝献"九白之贡"——一匹白骆驼、八匹白马，表示臣服。

不过，跟漠南蒙古林丹汗的强势相比，漠北蒙古显得很不争气。札萨克图汗率先发生内乱，土谢图汗趁机把札萨克图汗部的离散人口收归帐下。等到札萨克图汗部消停下来了，又想把这些离散人口抢回去。土谢图汗已经吃到嘴里的东西，哪肯乖乖吐出来啊？

于是，两个部落就结下了梁子，反复互掐。而这时的清王朝，正在大江南北攻城略地，跟南明残余势力周旋，根本没工夫搭理草原大漠究竟发生了什么。

俗话说，"螳螂捕蝉，黄雀在后"。漠北蒙古的内乱，给漠西蒙古的东扩创造了机遇。漠西蒙古是瓦剌的后裔。当年导致明英宗被俘的土木之变，是瓦剌历史的高光时刻，可从此以后，瓦剌再也没有干出什么惊天地的大事，一直在大漠以西保持缄默。直到鞑靼分裂为多个部落，互相争斗，自顾不暇，漠西蒙古才有重回蒙古高原的契机。而历史也给漠西蒙古送来了一位领袖级人物——噶尔丹。

此时的漠西蒙古，又叫卫拉特蒙古、厄鲁特蒙古，分为五个部落：和硕特部、准噶尔部、杜尔伯特部、土尔扈特部、辉特部。17世纪初，和硕特部在首领固始汗（顾实汗）的率领下，离开西域，迁居青藏高原。剩下的4个部落里，属准噶尔部最好斗，实力最强。受准噶尔部的挤兑，土尔扈特部被迫离开故地，向西迁徙到伏尔加河一带，杜尔伯特部和辉特部都被准噶尔部摆平。

康熙十七年（1678年），准噶尔部完成了对卫拉特蒙古的统一。这一切，都是由巴图尔珲台吉和他的第六子噶尔丹，父子相继完成的。

噶尔丹是个有能耐的蒙古首领。自幼被派去西藏学习佛教，深受五世达赖喇嘛的赏识。在广袤的草原大漠，藏传佛教影响广泛，能被藏传佛教的领袖看重和提点的人，前途往往不可限量。噶尔丹就是这样。在完成了对卫拉特蒙古的统一后，噶尔丹又挥师向南，将回部（维吾尔族前身）纳入其统治。康熙二十六年（1687年），噶尔丹又挥师东进，并在第二年击溃土谢图汗部、札萨克图汗部，席卷蒙古高原。

至此，噶尔丹亲手缔造的准噶尔汗国，已经囊括了从中亚到蒙古高原的广袤疆域，横亘在长城以北，成为清王朝在北方最大的劲敌。更重要的是，噶尔丹在占领漠北蒙古故地后，挥师南下，追击喀尔喀各部，一直追到了清朝军队的防区，摆出了一副恢复成吉思汗故土，与清帝国争夺天下的架势。

以往，站在中原王朝的角度，我们总把准噶尔部的这些军事行动理解为叛乱。其实，历史并非如此。西域自从唐朝后期被吐蕃攻陷后，中原王朝对其失控已达千年之久。即便开疆拓土如元朝，其统治区也不及吐鲁番以西。这片土地上的统治者，如走马灯般频频更换，从未如噶尔丹这般强悍，能够将分裂的部落重新统一，与中原王朝分庭抗礼。把噶尔丹建立的这个庞大帝国理解为大中国范围内的一个少数民族政权，或许更准确，更符合历史事实。

对清王朝，准噶尔部并非总是刺刀见红，也会表示恭敬，遣使纳贡。而当沙皇俄国不断扩张的边界线与准噶尔汗国的传统游牧地接壤后，准噶尔部的外交策略也很灵活，既与沙皇俄国人保持合作关系，购买武器，接受支援，希望在沙皇俄国人的帮助下，恢复和超越元朝的光辉岁月，同时又拒绝其领土要求，甚至坚决抵抗其军事侵略，以维护国家领土完整，遏制沙皇俄国入侵中国西北边疆的势头。对这个帝国的历史，应当客观评价，而不能抱着"成王败寇"和"夷狄必败"的传统成见，一棍子打死。

在准噶尔部的不断打击下，喀尔喀蒙古被各个击破，对于下一步该怎么办，各部首领意见不一，有的主张投靠沙皇俄国，有的主张投靠准噶尔部。在喀尔喀各部威望最高的藏传佛教领袖哲布尊丹巴做出了一个历史性的决定：向南前进，投靠清朝。于是，他们丢盔弃甲、物资尽失，得到了清王朝的妥善安置。

连续的速胜，或许冲昏了年轻的大汗噶尔丹的头脑。在攻略喀尔喀之后，准噶尔军队既未及休整，也还没顾得上巩固对漠北草原的统治，就急不可耐地向南进发，前锋逼近乌兰布通（今内蒙古自治区克什克腾旗境内），距离古北口长城不到千里，过早地暴露了与清王朝争夺天下的野心。

康熙二十九年（1690年），准噶尔部与清军在乌兰布通开战。以前的历史教材上，都说清军用火炮重创准噶尔军的"驼阵"，取得全胜，成为清准战争的重大事件。后来，有历史学家核对《清圣祖实录》后发现，"打了胜仗"的大将军福全及其部下，在返回京城时，不仅被禁止入城，而且受到了免职等处分。打了胜仗还挨处分，这是怎么回事？翻阅法国传教士李明在《中国近事报道（1687—1692）》中的记述发现，乌兰布通之战清军打了败仗。不过，准噶尔军没敢乘胜追击，而是撤离战场。不管怎么说，乌兰布通之战遏制了准噶尔军继续南下的势头。

六年后，清军在昭莫多（今蒙古国宗莫德市）大败准噶尔军。接下来，清军乘胜追击，大获全胜。康熙三十六年（1697年），噶尔丹在败退途中患病身亡，也有人说是自杀。这样一来，准噶尔部对长城沿线和漠北蒙古的威胁彻底解除。不过，这个部落并没有消亡，而是退回吐鲁番以西，休养生息，准备再战。

噶尔丹死了，他的侄子策妄阿拉布坦继承大汗之位，重新控制了准噶尔故土。他不敢跟清廷直接对抗，也不敢染指早已归顺清廷的漠北蒙古，而是去捏软柿子，目标直指盘踞青海、西藏的位于漠西蒙古的和硕特汗国。

其实，清朝建立后，就与西藏的宗教领袖五世达赖、五世班禅，以及青海的和硕特汗国首领取得了联系，对他们进行册封，从而明确了清廷对西藏和青海的统治地位。因此，策妄阿拉布坦染指西藏，实际上也是对清王朝宣战。

康熙五十六年（1717年），策妄阿拉布坦率准噶尔军攻入西藏，袭杀和硕特汗国的统治者拉藏汗，导致西藏、青海的政局骤变。康熙末年虽然财政亏空严重，但还是勉力派兵入藏，驱赶准噶尔军，恢复达赖、班禅的统治。

其后，策妄阿拉布坦去世，长子噶尔丹策零继位，但清准双方在天山以东的交战，互有胜负，呈拉锯状态。整个雍正年间，清军都没有取得太大进展，但还是进一步遏制了准噶尔汗国进攻喀尔喀蒙古的图谋。乾隆四年（1739年），清准双方划定游牧界线，暂时停战。

转机发生在乾隆十年（1745年）。噶尔丹策零去世，其嫡子和庶子争夺汗位，汗国陷入内乱。贵族达瓦齐起兵自立，跟辉特部首领阿睦尔撒纳打得不可开交，加剧了准噶尔内部的混乱。乾隆十七年（1753年），杜尔伯特部率先离开准噶尔，投奔清朝，并向乾隆帝提供了准噶尔内战的情况。不久，阿睦尔撒纳在内战中失利，投靠清朝。乾隆帝认为，准噶尔内讧为清军彻底结束平准战争铺平了道路，于是决定抓住这一历史性契机，完成自康熙、雍正以来的平准大业。

乾隆二十年（1755年），清军兵分两路，分别从乌里雅苏台和巴里坤向西进发，横扫天山北路。准噶尔汗国连年内乱，人心思变，清军所到之处，兵民纷纷归降。达瓦齐在败退中被俘。乾隆帝在紫禁城的午门城楼上主持隆重的献俘大典，算是为平准战争画上了圆满的休止符。

乾隆帝本以为战争已经结束，没想到，阿睦尔撒纳投降清军并非真心，而是为东山再起、称霸卫拉特蒙古暂时蛰伏。清军主力撤离天山地区后，他暗结沙皇俄国，趁机发动叛乱，煽动喀尔喀蒙古一起造反。

无奈之下，乾隆帝再次派兵西征，长驱直入。阿睦尔撒纳虽有称汗野心，但面临着三大劣势：一是人心思定，继续叛乱将失道寡助；二是卫拉特蒙古混乱多年，难以整合；三是天花肆虐，死者众多，疫情不但难以遏制，而且威胁到军队的战斗力。因此，阿睦尔撒纳几乎是一败涂地，毫无起死回生的任何可能。

乾隆二十二年（1757年），准噶尔被再次平定，阿睦尔撒纳逃入俄国。尽管清廷援引中俄《尼布楚条约》《恰克图条约》之规定，要求将阿睦尔撒纳引渡回国，但俄国人一直拖延时日。直至这年九月，阿睦尔撒纳因患天花去世，俄国政府才将其尸体运至中俄边境城市恰克图，请清方查验。至此，清廷对准噶尔长达七十年的战争彻底结束。

这是中原王朝与成吉思汗后裔的最后一战。跟明王朝在大多数时间里严防死守、被动挨打不同，清廷以喀尔喀蒙古为长城，充分利用喀尔喀蒙古的力量牵制准噶尔，抓住机遇主动出击，给对手致命一击。最可贵的是，"西师"成为清廷贯穿百年的大战略，得到了三代皇帝前后相继的坚持。这种矢志不移、坚忍不拔的精神，才是最值得钦佩的。

也要看到，元朝残余势力逃回草原后，虽然陷入分裂，但也曾有过高光时刻，涌现出一批强势人物。他们同样为历史留下了浓墨重彩的一笔。不过，战争是残酷的。在完成对准噶尔的最后一击后，清军对准噶尔这个老对手进行了血腥屠杀，不管是已经投降的，还是拒绝投降的，在屠刀面前没有差别。一切都灰飞烟灭，荡然无存。

尽管清军将士对准噶尔降而复叛的做法表示不满，对七十年来长期对抗中结下的梁子怀有深仇大恨，但类似种族灭绝的做法，仍不是根治分歧、促进融合的长久之计。

尽管十几年后，土尔扈特部历经千难万险，从遥远的伏尔加河畔回到祖国，被清廷安插在准噶尔故地放牧，但这一地区的国防力量是真真切切地被削弱了。道光以后，俄罗斯帝国趁清王朝走向衰落之机，开始蚕食中国西北疆土。对此，清廷鞭长莫及，天山南北的军民也是徒唤奈何。

三、大一统的理想与现实

"西师"的胜利，使清王朝朝着实现国家大一统的方向迈进了一大步。难怪雍正帝在辩论集《大义觉迷录》里，会自豪地展示清王朝最强的历史功绩——开疆拓土：

> 自古中国一统之世，幅员不能广远，其中有不向化者，则斥之为夷狄。如三代以上之有苗、荆楚、猃狁，即今湖南、湖北、山西之地也。在今日而目为夷狄可乎？至于汉、

唐、宋全盛之时，北狄、西戎世为边患，从未能臣服而有其地，是以有此疆彼界之分。自我朝入主中土，君临天下，并蒙古极边诸部落俱归版图，是中国之疆土开拓广远，乃中国臣民之大幸，何得尚有华夷中外之分论哉！

不独雍正，无论是时人，还是外国人，都对清代开拓疆域的成就给予了较高评价。清人昭梿在《啸亭杂录》里盛赞："（清代）三载之间，拓地二万余里，天山雪窟，无不隶我版图。"在《中国的现代化》中，记述了美国学者 M. B. 詹森这样的观点："清朝统治者在亚洲大陆执行积极扩张的军事和外交政策，从而确定了近代中国的疆界，这是十分引人注目的，此项政策在18世纪中叶尤为积极。"尽管很多欧美学者将清代中国的疆域拓展称为"征服"或"扩张"，但至少承认了这一事实对实现中国大一统的重要意义。

那么，什么是大一统？在清朝皇帝眼中，大一统究竟是什么样的？

战国时期，孟子曾拜会魏襄王，被问到了一个问题："天下恶乎定？"孟子答曰："定于一。"对此，朱熹在《四书章句集注》中的解读是"必合于一，然后定也"。孟子跟魏襄王的这段对白说明，实现大一统，至少从战国时期起，就是中国人的理想与追求。

然而，什么是大一统？《春秋公羊传》给出了权威说法：

（隐公）元年，春王正月。元年者何？君之始年也。春者何？岁之始也。王者孰谓？谓文王也。曷为先言王而后言正月？王正月也。何言乎王正月？大一统也。

因此，大一统的核心要义，是政治统一，也就是王的政令畅行于全国。清王朝继承了这一理念，并将实现真正的大一统作为历代皇帝孜孜以求的目标。对于清王朝来说，大一统大致包括三方面：

一是巩固正统。清军入关后，不仅迅速占领北京，还将都城迁往北京。通过厚葬崇祯帝、拜谒明孝陵、纂修《明史》等具体工作，以求不断证明清王朝才是明朝衣钵的真正继承者。只有有了这样的正统，才能将历史与现实结成紧密的精神纽带，实现对全国的统治。

二是既定中原。早在秦汉时期，中原地区被称为"中国"，是中国历史发展的核心区域。得中原者，才能夯实正统的合法性，从而进取全国。因此，清军占领北京后，迅速派兵追杀李自成农民军，将其所获土地、人口悉数纳入囊中，实现对中原地区的控制。

南巡，在某种程度上就是对前两方面内涵的巩固和加强——既彰显对江南士大夫的安抚和对黄淮运河水利工程的关注，突出皇帝的亲民形象，也可直接震慑江南地区的反清势力和反清思想。

三是平定边陲。清王朝是少数民族王朝，以"夷狄"身份入主中原，如不能得到同为"夷狄"的边疆各民族支持，正统地位和中原地盘怕是都保不住。因此，要想在京城坐得踏实，就必须将边疆地区显性和隐性的反对势力一并清除。"西师"是其中的代表作，但并非全部。乾隆帝的十全武功中，平定大小金川、平定大小和卓、平定台湾林爽文起义、反击廓尔喀入侵等，都属于对边疆地区势力的清扫。

尽管坊间有"崖山之后无华夏"的说法，尽管汉族士大夫对清兵入关给中国经济发展和社会进步带来的破坏耿耿于怀，但仅就疆域拓展而言，对清王朝再怎么积极评价都不为过。毕竟，有斯土，有斯民，国家才能生存发展，民族文化才能传承和进步。

四、明清两代的治边之策

明王朝的边患相对单纯，主要是蒙古、后金和倭寇。明朝的做法也是简单粗暴，能用拳头和刀剑说话，就算是打不过，那也要躲在"九边"重镇和宁远城、山海关里防御。其实，这样反倒以逸待劳，取得意想不到的战果。如此，和平谈判就成了不可能的事。

因此，即便到大厦将倾的危难关头，崇祯皇帝仍然迈不动媾和的艰难步伐。不是不能，是压根不敢，怕被舆论的吐沫星子淹死。看来，给明王朝构成边患的这些势力，几乎没有化敌为友的可能性。

明王朝的边疆治理也非一无是处。比如在东北设立的奴儿干都司，把统治区延伸到黑龙江下游，成为中央政府对当地行使主权的重要证据。

其实，明朝的皇帝们都不知道，他们曾经逃过一劫。14世纪后期，突厥化的蒙古贵族帖木儿，在中亚地区建立了帖木儿帝国，版图迅速扩大。永乐初年，帖木儿打算东征明朝，但因他本人突然去世而告吹。倘若这一仗打起来，谁赢谁输还很难说。

与明王朝的被动防御不同，面对更加复杂的边患，清朝的思路就是因地制宜，分而治之，这样的政策比明朝的更实用，更经得起历史考验。

清廷在中央设立了理藩院，掌管民族宗教和边疆事务。而在地方，则设立将军、都统、大臣等军政机构进行管理。

东北是清王朝的龙兴之地，清廷将其设为封禁之地。广袤的黑土地上，除了少数本地居民，就是驻军和犯人，只适合搞军事化管理。因此，清廷分别设置盛京将军、吉林将军和黑龙江将军，管理当地军政事务。而在基层，则根据聚居百姓的实际情况，分别设立民户州县制、驻防八旗制、边民姓长和盟旗制度。

喀尔喀蒙古和漠南蒙古是清廷防御西北劲敌的重要屏障，同时也是跟俄国人打交道、跟蒙古人开展贸易的必由之地，因此，清廷在喀尔喀蒙古设立乌里雅苏台将军、科布多参赞大臣和库伦办事大臣，在漠南蒙古设立绥远城将军、察哈尔都统和热河都统，在两地基层将汉族地区的州县制度进行修改，推广更符合这两个地区需求的盟旗制度。

漠西蒙古衰落后，回部逐渐崛起，并将影响施展到天山南北。平定大小和卓叛乱后，清廷在西域设立伊犁将军，并在乌鲁木齐、伊犁、塔尔巴哈台、喀什噶尔等地设立参赞大臣、办事大臣、领队大臣，分别管理当地军政事务。而在基层，将军军府之下分别实行伯克制度、州县制度和盟旗制度。究竟哪个地区实行什么制度，主要看当地聚居人口的民族成分。

青海、西藏在经历了几次血与火的考验后，逐步纳入清廷的直接管辖。朝廷在西藏设立驻藏大臣，监督西藏一切重大事务的办理，包括金瓶掣签选出达赖、班禅的转世灵童。青海设有西宁办事大臣，监督青海的重大事务。而在宝岛台湾，清廷则设立了一府三县，隶属福建省，加强行政管辖。

西南少数民族部落长期各自为政。雍正年间，云贵总督鄂尔泰强制推行改土归流，将土司由以前的世袭改为由朝廷任免，从而加强了中央决策层对当地主要首领的人事控制权。

在这些边疆问题中，喀尔喀蒙古和青藏是最麻烦的两个难点。清廷抓住这两个地方宗教信仰接近的特点，把对藏传佛教的礼遇推到了极致。其实，清朝皇帝几乎每代都尊崇甚至信仰藏传佛教。乾隆深知，"敬一人而千万人悦"。他说到做到，不仅规范了藏传佛教的四大活佛系统，而且用修建寺庙的方式扎实支持藏传佛教。在皇帝居住的承德避暑山庄之外，就有须弥福寿之庙等外八庙，几乎都是藏传佛教圣地。而雍正继位后，雍亲王府也被改造成了藏传佛教的重要寺院——雍和宫。依靠宗教纽带，清廷把更多上层人士笼络到一起，最大限度地维护了国家统一。

西域则是另一种情况。清廷并没有推高回部首领的地位，而是采取政教分离的做法，支持世俗伯克处理日常事务，禁止宗教干预行政，革除了宗教人员掌握世俗政权的弊端。

清王朝在治边问题上还有些创新，比如跟俄国政府签署的《尼布楚条约》《恰克图条约》《布连斯奇条约》，以军事和经济实力为后盾，形成了相对平等的和平谈判，以及各自都比较认可的双边条约。这在以往的朝代都没有出现过，是通过国际法形式确认领土范围和边界划定的重要举措。

清代实现中国的大一统，并非一蹴而就。清朝皇帝在这方面持之以恒的付出，在一定程度上抵消了"扬州十日"带来的负面影响。历朝历代，开国并不难，但守得住不容易。清朝的治边思想在付诸实践后，至少帮清廷稳定了边疆政局近一个世纪，奠定了近代中国的疆域版图。这就是四百年如一日的大战略，这就是明清两朝皇帝的"大一统中国梦"。

关于大一统的问题，我们只是抛砖引玉，建议还可翻翻这两本书：

1. 马汝珩：《清代西部历史论衡》，太原：山西人民出版社，2001年。

2. 葛剑雄：《统一与分裂：中国历史的启示》(修订本)，北京：商务印书馆，2013年。

第十一章

被误读的英雄

清顺治八年（1651年），厦门。

一群拖着辫子的大兵冲进了这座已平静多年的城市。一时间，杀声震天，街头混乱。

这里是郑成功抗清军队的大本营。此刻，郑成功率领大军赴广东南澳勤王，救援身处困境的南明桂王朱由榔政权（年号"永历"）。清军的福建右路总兵马得功率兵乘虚而入，攻进厦门，一路烧杀抢掠，把郑军的基地弄了个底朝天。郑成功的夫人董氏，化装成农妇躲到船上，才幸免于难。

其实，郑成功出兵南澳，名为勤王，实为剽掠。郑军所到之处，主要是抢地盘、抢物资，行动迟缓，根本就不像是援兵的架势。可是，即便如此，这次勤王行动依然得不偿失。不仅没抢多少东西，也没帮上桂王什么忙，反而把自己老窝赔进去了。

令他始料未及的是，麻烦才刚刚开始，厄运还远不止这些。

一、郑施交恶

对于郑成功的这次出兵勤王，不少将领是持保留意见的，只是慑于主帅的权威，很少有人坚持己见。可是，郑军的左先锋施琅就尖锐地指出，擅长海战的郑军"舍水就陆，以剽掠筹集军饷"的做法，相当不靠谱。

施琅作战勇猛，尤其擅长海上作战，被称为"海霹雳"。不过，他确实只是个业务干部，玩政治这方面还是差了些。耿直的脾气和外向的个性，坑苦了他。郑成功作为主帅，自己的决策招致手下猛将的直接反对，面子上当然挂不住。于是盛怒之下的郑成功做出了一个惊人举动：让施琅交出兵权，回厦门闭门思过。就在这个节骨眼上，厦门出事了。

虽然赋闲在家，面对马得功袭占厦门的惨烈现实，施琅还是挺身而出，带着几十名亲兵——削去兵权的他，手头就这么点能调遣的人马——展开反击。清军大概是抢饱了，战斗力锐减，面对杀红了眼的施琅，几乎是一败涂地，丢盔弃甲，马得功本人还险些被俘。可以说，施琅几乎是以一己之力收复了厦门。

郑成功听说厦门失守，眼见勤王也难有实效，便挥师东返。等回到福建，听说厦门失而复得，才长出一口气。论功行赏，施琅得了二百两白银的奖金。实话说，这点钱跟施琅以命相搏相比，实在是不成比例。更重要的是，无论施琅如何暗示，郑成功都不愿将其官复原职，重授兵权。

郑成功对施琅的这次大功劳，又爱又恨，心里不是滋味。他不喜欢施琅的傲慢跋扈，也不愿承认施琅的高瞻远瞩。毕竟，只要承认了施琅是对的，那就意味着自己错了。作为主帅，郑成功的自尊心很强，根本不愿低头认错。

自己立了功还继续不受待见，施琅此时心灰意冷，一怒之下，剃光头发，表明看破红尘、出家为僧的心志，再也不参见郑成功。

双方的裂痕，从这刻就开始了。

二、一个关系户引发的血案

曾德，施琅麾下的一名标兵，混得不大得志。施琅兵权在握时，他曾违反军纪，担心受到惩处。施琅失去兵权后，他为避祸和出头，就利用先前在郑氏家族里积累的人脉关系，主动投靠郑成功的亲兵营——成功营。也许是对施琅负气，也许是人脉关系运作得不错，总之，曾德还真就当上了郑成功的亲随。

听说一个犯过事的手下，居然跑到主帅大营打工去了，施琅非常愤慨，马上派人把曾德抓了回来，按临阵脱逃的罪名处死。郑成功闻讯，派人"驰令勿杀"。可是，施琅早就料到郑成功会出面营救。他的对策，不是给大帅留面子，饶曾德一条小命，而是"促令杀之"。施琅赶在郑成功"刀下留人"的命令传到之前，将曾德宰了。这事发生在顺治九年（1652年），历史上称为"曾德事件"。

闹到了人命关天的份儿上，郑成功和施琅的矛盾可以说已经完全公开化。郑成功认为，施琅违抗将令，擅杀士兵，反形毕露，便派兵逮捕施琅及其家人。就这样，施琅平生第一次，也是唯一一次尝到了蹲大牢的滋味。

虽说施琅脾气古怪，但他毕竟是郑氏集团的元老级人物，军中人缘不错。看守他的郑军部将，对施琅的遭遇鸣不平，便掩护他逃离大牢。而后，在当地百姓的掩护下，扮装成老百姓逃出厦门，前往内地。

施琅溜了，这个消息让郑成功怒不可遏。追是追不回来了，郑成功一不做二不休，把施琅的老爸施大宣、弟弟施显斩杀。这是非常不明智的做法，不但截断了施琅回归郑氏集团的通路，而且直接将他定位为敌人，坚定了他投降清朝的决心，以及对郑氏集团的仇恨情绪。施琅走投无路，只好投降清朝，投降那支被他多次打败的军队。

当获悉施琅降清的消息，郑成功才如梦初醒，慨叹"吾不幸结此祸胎，贻将来一大患"。三十年后的历史证明，正是施琅统率大军，在澎湖击败郑军，迫使郑成功的孙子郑克塽降清，从而完成了清王朝对台湾的统一，也结束了郑氏集团在海上叱咤半个世纪的传奇故事。

郑氏集团对施琅家族的仇恨，似乎并没有随着时间的流逝而淡化。郑成功的儿子郑经统治后期，一直效力郑氏集团的施琅养子施齐（施世泽）和侄子施亥（施明良），看到郑经在大陆用兵失败，集团危机四伏，发展前途渺茫，决定发动政变，劫持郑经。后两人图谋败露，惨遭杀害。尽管郑施交恶的结果，是施琅笑到了最后，但代价也未免太大了。

三、郑成功：离英雄还有多远

郑成功是公认的英雄。他指挥了与西方列强的第一次大规模战役，取得了驱逐荷兰侵略者、收复台湾的伟大胜利。他坚持抗清复明，以矢志不移的信念支撑自己的事业。仅这两点，就足以令世人景仰。因此，几乎所有的历史书刊，都将他奉为"高大全"的英雄人物。然而，历史上的郑成功，离真正的"英雄"还有多远？

曾德事件和施琅出走，是郑成功这辈子办得最窝囊的两件事。它暴露了郑成功性格里唯我独尊的要强成分，以及不服输、不认错、高高在上的惯有姿态。俗话说"性格决定命运"，这样的性格害苦了他。有三个例子，足以说明问题。

第一，鲁王问题。

明朝有一个奇葩的制度，叫"两京制度"，即在首都北京设置一套中央官署和官职，在故都南京再设置一套。看起来是冗员，浪费纳税人的钱财，但在明朝倾覆的关键时刻发挥了作用。

崇祯皇帝上吊自杀的消息传到了南京。这批本来有职无权的南京官员，纷纷跳出来拥立新君。于是，从洛阳逃难而来的福王朱由崧就被扶上了皇位，建立了南明弘光朝廷。

遗憾的是，南明从建立的第一天起，就互掐不断，内讧不止。清军兵临城下，朝堂上还在钩心斗角，这样的朝廷焉能不败！

弘光政权垮了以后，在浙江、福建的朱姓藩王纷纷挺身而出，要过一把皇帝瘾。实力最强的，当属福建的唐王朱聿键和浙江的鲁王朱以海。不同的是，唐王称帝，年号隆武，而朱以海相对低调，只是称监国。可是，毕竟"天无二日，国无二主"，俩人原本没啥矛盾，这下就较上劲了。唐王传旨让鲁王听命，鲁王心想我好歹也是监国，凭什么听你的？

结果，清兵南下，鲁王被撵到了海上，而唐王则被撵到了监狱，身首异处。

朱以海在舟山群岛一带抗清多年，麾下人马越打越少，最惨的时候，就在海船上开朝会，"舱大，周身穴而下，两人侧卧，仍盖所下之穴，无异于棺中也"。这样的状态，别说恢复故土，保命都难。万般无奈之下，朱以海只好投奔根据地还算巩固的郑成功。毕竟，郑成功此时高举南明大旗，算是自己人。可是，他从来到厦门的第一天起，就给郑成功出了个难题。

把郑成功领进了抗清复明圈子的，是唐王朱聿键。朱聿键的荣与辱，都与权倾福建的郑芝龙有着密不可分的关系。没有郑芝龙的从旁辅佐和财力支持，朱聿键作为旁系藩王，根本没机会过皇帝瘾；而没有郑芝龙撤防降清，朱聿键也不大可能迅速失败，在逃亡路上当俘虏。

因此，朱聿键一直想培植亲信，跟郑芝龙形成分庭抗礼之势。可是，培植谁呢？整个福建都是郑氏家族的天下。想来想去，还是在郑芝龙身边打开一个缺口比较靠谱。于是，他选择了郑芝龙的儿子，也就是年轻的郑成功。而郑成功血气方刚，忠君爱国热忱高涨，受到朱聿键召见和点拨，受宠若惊，自感"知遇之恩"。更重要的是，朱聿键赐郑成功"朱"姓，这也是后来人称其为"国姓爷"的来历。可以说，朱聿键跟郑成功的短暂交往，成为郑成功今后独树一帜的重要政治资本。

朱以海本来就跟朱聿键有摩擦，这会儿投靠跟朱聿键一伙的郑成功，虽然朱聿键人已离世，但总还是有点别扭。更何况，郑成功已经遥奉云南的桂王永历政权正朔，目的就是找一个名义上的大树好乘凉，打着桂王政权封的"延平郡王"旗号，继续在厦门独立发展，不受干扰。朱以海的到来，相当于给郑成功送来一尊佛，供也不是，不供也不是。郑成功陷入了两难境地。

权衡再三，郑成功采取的手法是，表面上给朱以海避难之所，足其衣食，实则利用朱以海手里的军事资源，为自己服务。朱以海重用的将领张名振、张煌言，就成了郑成功向舟山乃至长江流域进行军事扩张的棋子，甚至是急先锋。当然，作为交换条件，鲁王朱以海在厦门常住，就得放弃监国名号，跟着郑成功一起高举桂王朱由榔的旗帜。朱以海虽然不情愿，但寄人篱下，只好如此。

在随后的北伐中，张名振病逝，张煌言和郑成功配合不够默契，功败垂成。张煌言退守海岛，跟朱以海天各一方。

失去了军事靠山的朱以海，成了真正的"孤家寡人"。郑成功仍收留他，不过，或许是看他再无利用价值，提供的衣食大为减少。朱以海觉得在福建沿海继续寄人篱下，看不到前途，便打算前往广东南澳，寻求发展。此时的郑成功，展现出了小心眼的一面，"使人沉之海中"。[①]

其实，朱以海也是一张好牌，毕竟他在浙江有些号召力。郑成功北伐失败后，打着朱以海的旗号，在浙江还是能够收拢人马，起码保住舟山群岛，作为台湾和厦门的屏障。然而，南明朝廷的派系倾轧习惯，让郑成功的怪异性格不断放大，非但没能让鲁王这张牌发挥更大功效，反倒让自己背上了"弑君"的恶名。

第二，北伐问题。

谋取中原，恢复故明江山，是郑成功梦寐以求的夙愿。他曾经距离这个夙愿很近，但又很远。顺治十六年（1659年），郑成功发动的最大规模北伐取得了重大进展。郑军突破长江口，包围清朝在南方的统治中心江宁（今江苏南京下辖区）。张煌言率领的另一路大军，连克安徽境内四府三州二十四县。

郑成功相信，一旦攻占江宁，将形成示范效应，带动江南地区

---

① 另有说法认为，朱以海是在金门病逝的。

的清朝官府像多米诺骨牌一样土崩瓦解。毕竟，有很多地方的长官和士绅，对清朝的统治或有疑虑，或不信任，处于摇摆状态。谁赢了，就跟定谁。历史给了郑成功一个创立不世功勋的契机。

然而，好机会转瞬即逝。

或许是太相信江宁的示范效应了，郑成功做出了一个错误决定：包围江宁城，但围而不打。这是怎么回事？原来，清朝的总督郎廷佐自忖兵力不足，便向郑成功求和，表示愿意投降，但由于家眷尚在京城，按照《大清律例》，守城三十天后投降，清廷便会饶过家眷。因此，他希望郑成功宽限三十天。日子一到，马上开城。

连续的胜利，使郑成功有些昏了头。郑成功虽然声势浩大，但毕竟擅长水战，而非陆战。顿兵坚城，是这类军队的大忌。可是，郑成功竟然轻信了郎廷佐的谎话，扎下大营，终日饮宴，只待三十日满，接受投降。

其实，在这在三十天里，郑成功本该做两件事：一是攻略沿江州县，实现对江宁的全面封锁，并保护自己的侧翼安全。二是接应张煌言，扩大安徽占领区。但郑成功都没做，白白浪费了这些好日子。

而郎廷佐没闲着，他虽然兵力单薄，但主动写信，派人混出城去，送到崇明岛，交给总兵梁化凤。两军里应外合，前后夹攻。郑军方寸大乱，在缺乏侧翼保护的情况下，仓皇逃离江宁，沿长江向东败退，直至撤回厦门。多年锻造的十几万军队几乎全军覆没，那些曾劝说郑成功保持警惕的将领也在这场大溃败中阵亡。

北伐轻敌，又是孤芳自赏的个性害了他。

第三，世子问题。

郑成功收复台湾后，将统治重心放在了这块面积更大的根据地上。厦门、金门是由世子郑经和一班官员镇守。离开了父亲的管束，厦门成为郑经一个人说了算的地盘。结果，这小子干出了一件丢人的事。

十九岁的郑经，本已娶妻唐氏，可夫妻感情不和。后郑经移情别恋，跟四弟郑睿的奶妈陈氏勾搭成奸，还生了个儿子，就是郑克臧。如果这种事发生在普通人身上，也就只是一桩小范围的桃色新闻而已，充其量定性为乱伦，也只是生活作风问题。可郑经是世子，未来要接掌延平郡王大印的。干出这种事，是信奉儒家学说的多数士大夫无法容忍的。如此做派，未来何以服众？

俗话说，好事不出门，坏事传千里。郑经的丑事就传到了台湾。尚书唐显悦，也就是郑经的岳祖丈，认为自己的孙女被郑经戴了绿帽子，便怒不可遏地写信给郑成功，责备这位主帅"治家不正，安能治国"。个性要强的郑成功，听闻这样的消息，脸上怎能挂得住！他当即决定，派兄长郑泰到厦门，斩杀郑经、郑克臧，就连自己的发妻，也就是郑经的生母董氏，也因管教儿子不严的罪名，要被杀头。

郑泰到了厦门，跟手下人一商量，觉得郑成功这道命令是在气头上下的，能算数吗？于是，他建议只杀陈氏和郑克臧，不要杀董氏和郑经。

看到这份建议，郑成功更生气了，坚决不同意。郑氏集团因此分裂为两派，力挺郑成功的是少数派，而大多数将领联合抗命。郑成功无奈，只好忍下了这枚苦果。

就在郑经的丑闻曝光前后，各地一系列噩耗传到郑成功耳中：盘踞吕宋的西班牙人大肆屠杀华侨，父亲郑芝龙及全家在北京遇害，桂王朱由榔在云南被吴三桂勒死。一件件坏消息，加上儿子的不成器，使本就性情急躁的郑成功急火攻心，撒手人寰，享年三十八岁。由于在接班人问题上处置失当，安排不妥，导致其去世后发生了郑经与郑袭争夺王位的战争，从而给清军乘虚攻占厦门、金门提供了可乘之机。

令人匪夷所思的是，奶妈陈氏的父亲陈永华，竟然是郑成功、郑经着力重用的股肱之臣，早年就被郑成功称为"今之卧龙"。郑克臧也成为郑经膝下比较成器、有主见的儿子。遗憾的是，他们都没能笑到最后，在此后的政坛较量中败下阵来，甚至赔了性命。

郑成功的人生旅程中，这三件事只是短暂一瞬，但给郑氏集团发展带来的影响是直接的，具有转折性质的。郑成功临机处置，有失妥当，也让他的"英雄"形象黯然失色。

四、施琅：都是"专征权"惹的祸

施琅的一生，扮演着多重角色：抗清英雄、郑氏叛徒、统一功臣。当然，还有两个鲜为人知的角色，不太光彩，但不能不提：小人和贪官。这是怎么回事？

施琅降清后，被安排在清郑战争的第一线，从副将、总兵起步，最后做到了福建水师提督。不过，清廷考虑到他是降将，且还有养子和侄儿在郑军阵营服役，所以对他不太信任。康熙三年（1664年），施琅率军进攻台湾，遭遇台风，损失惨重。为应对舆论压力，康熙帝将他调离前线，给个内大臣的职位和待遇，扣在京城，整日无所事事。

转机发生在郑经去世后台湾的内乱。冯锡范发动政变，杀害郑克臧，拥立年幼的郑克塽为延平郡王。这样一来，郑氏集团从"叔俓相猜，文武解体，政出多门，各怀观望"的颓势，堕落为内事皆决于冯锡范、外事皆决于刘国轩的寡头统治。郑氏集团失去了奋斗方向，意志消沉，队伍散乱，离心离德，加上天灾连年，粮食歉收，物价飞涨，郑氏政权陷入了深重的政治经济危机。

这正是清廷等待已久的攻台良机。而选谁为水师将领、任攻台主帅，仍是给康熙帝的一个大难题。大学士李光地和福建总督姚启圣不仅奏请出兵攻台，而且力荐施琅重出江湖。因此，施琅得以复任水师提督，应当感谢李光地和姚启圣。

可施琅非但没有表达谢意，反而为了一己之私，给皇帝说了姚启圣许多坏话。

平心而论，施琅的这个"一己之私"，看起来也没什么错。那就是"专征权"。前面说了，施琅性格古怪，连康熙帝都认为他"行事微觉好胜"，"粗鲁武夫未尝学问，度量褊浅，恃功骄纵"。况且他在攻台问题上有主见，坚持"将在外，君命有所不受"的传统信条，听不进任何不同意见。从统一指挥的角度上说，他提出"专征权"，独立领兵打仗，不受任何人节制和干预，倒也符合战争规律。

要想拿到"专征权"，首先要突破的就是姚启圣。毕竟，福建总督不仅是福建水师提督的顶头上司，而且主管全省军政事务。要"专征权"，其实就是从姚启圣手里分权。

据《靖海纪事》载，为了得到这份大权，施琅给康熙帝写了一篇《密陈专征疏》，指摘姚启圣"生长北方，虽有经纬全才，汪洋巨浪之中，恐非所长"；指摘福建巡抚吴兴祚"初到视事，恐未识闽疆情形"，对这俩人加以排挤。施琅给朝廷出了个主意，那就是做好分工：姚启圣"宜驻厦门，居中节制，别有调遣"，"趱粮运策应"，只管后勤，而他本人"得专统前进"，独管打仗。他还要求"仅臣掌有水师提督印信，未奉有征剿台湾之敕谕。伏望迅赐颁发，以副转睫师期，俾得申严号令，用以节制调度，所有督臣（姚启圣）题定功罪赏格，赐臣循例而行"。言外之意，就是要享受福建总督的政治待遇。

过了两个月，眼看康熙帝对他的请求没有表态，施琅又写了一篇《决计进剿疏》，再次把姚启圣埋汰了一顿，说姚启圣"灭贼之念实切，惜乎生长北方，水性海务，非其所长，登舟之际，混心呕吐，身体维艰；所以前疏恳留督臣（姚启圣）居中调度，盖为此也。中有一二视此畏途，非免徘徊，以致督臣疑惑不决"。言外之意，既然姚启圣是个不会游泳、海上晕船的旱鸭子，那还是不要到一线去领兵打仗了。

施琅只是降将，又被"冷冻"多年，刚官复原职，就开始要这要那，而且埋汰自己的伯乐，这显然不合常理。可是，他就这么做了，很绝情，很自私。不光如此，在康熙帝催促进兵的谕旨面前，他还找了个借口，把自己包装成"两栖明星"，耍起了大牌。

什么借口？用三个字概括，就是"等风来"。

他说，前次率军攻台，遭遇台风失利，教训深刻。因此，每次海战之前，都必须等待有利的风向到来。他认为："夫南风之信，风轻浪平，将士无晕眩之患，且居上风上流，势如破竹，岂不一鼓而收全胜。"

没错，无论是台湾海峡，还是广袤内地，大体都是南风柔、北风烈。不过，厦门位于郑氏台湾的统治中心东宁（今台南）的西北方向，如果西北风吹来，清军就是顺风而下，进攻台湾，郑军是逆风迎敌。故与其"等南风"，不如"等北风"。施琅的"等南风来"的说法，纯粹是通过拖延出兵，向朝廷索要"专征权"。

一个降将，在新主子面前耍大牌。这样不通情理的事，大概也就脸皮够厚的施琅才干得出来。可他居然如愿以偿，拿到了"专征权"。这又是怎么回事？

其实，康熙帝作为"千古一帝"，站得更高，看得更远。施琅这般撒泼打滚，在他看来只是小节问题。康熙帝注意到，满朝文武里再没有堪此大任的海军将领，故必须倚重施琅；前线指挥理应独立思考，独立决策，最忌讳七嘴八舌，既然朝廷坚持用人不疑的信条，那就得给予足够的权威和信任。这便是他把"专征权"交给施琅的初衷。

施琅赢了，但他拿到的"专征权"，却是把双刃剑——既让他在前线树立权威，安心指挥，一言定胜局，又让他入台处理善后时缺乏外界监督，从而独断专行，为其借机营私创造了条件。制度和权力，是中性的，关键要看谁来用，怎么用，是出于公心，还是只为私利，抑或是两者兼有，公务里夹带私货。在随后的岁月里，施琅把这两个方面都发挥到了极致。

五、从将军到土地爷

康熙二十二年（1683年），澎湖之战。施琅统率清军大胜，郑军主力被聚歼。

消息传到东宁，郑氏集团几经争论，决定降清。于是，施琅率军进入台湾，开始接收和善后。

对于这片新占领区，施琅采取了四项措施：

——郑氏内附。就是将郑氏集团军政人员悉数迁往大陆安置，高官给予官职爵位，普通将士发回原籍，或解甲归田，或入伍当兵，或接受新职。如此一来，郑氏家族在福建和台湾经营数十年的祖产，被清廷全面接管，扫荡一空。经此釜底抽薪，郑氏再无卷土重来的社会基础。

——稳定人心。据《靖海纪事》记载，施琅率军入台后，多次下令"秋毫无犯，务使民不知兵。诚恐乡社保甲沿袭故套，各自派办劳军之费，致扰民生，合就严禁"。一方面确保军纪严整，杜绝纵兵抢劫，另一方面严禁摊派军费，不给台湾民众增加新的经济负担。

——力主治台。统一台湾后，清廷内部曾冒出视台湾为累赘、主张放弃台湾的声音。施琅从国土安全和国际环境的角度，强调台湾对于巩固中国东南海防的重要性，主张不仅不能放弃，而且要加强管辖。康熙帝采纳了施琅等人的主张，在台湾设府县，派兵驻防，将其纳入中央政府的行政管辖。

——限制移民。施琅入台后，大批郑氏军民迁往大陆安置，台湾人口锐减。可是，清廷的大陆赴台移民政策没有放开，反而收紧。按照施琅的建议，清廷颁布了"渡海禁令三条"：一是入台必须凭官府审批给照。二是入台禁止携带家眷，据说这是为了防止携眷移民以台湾为跳板，或逃亡海外，或偷逃赋税。家眷留在内地，相当于扣了个人质，本人即便出国，也不会为期太久。三是广东潮州、惠州等地民众禁止赴台，写申请也不批准。施琅认为，这两个地方"素为海盗渊薮，而积习未忘也"。施琅在，禁令在。直到施琅死去，潮州、惠州的百姓才有机会到台湾谋生。

以上四项措施，着眼点都是为了确保台湾平稳地从郑氏政权过渡到接受清廷管辖，在此期间不要闹乱子，局面尽可能稳定些。其中前三项，基调是正面的，从维护国家统一的方面，是有功劳的。只是第四条，带来了三个恶果：一是来台移民男多女少，性别比例失调；二是堵住了福建、广东疏解过剩人口的一个渠道；三是削弱了清廷对台湾的实际控制力。

清廷在台湾和澎湖总计驻兵1.1万人，不及当年郑军半数。由于经济开发迟缓，人口增长缓慢，大陆人口移入进程滞后，台湾抵御内外乱局的能力严重不足。康熙末年的朱一贵起义、乾隆末年的林爽文起义，都是战火烧遍全台，事态完全失控。到了近代，英、美、法、日等国多次染指台湾，清军在战守方面都没有占到太多便宜。因此，上面的第三项才真是贻害无穷。而这一切，大多出自施琅的提议。

这四项措施，鲜明地体现出施琅治理台湾的主导思路，就是"管"和"限"——既要将其纳入清朝版图，又不愿深度开发。这一思路既继承了清廷治理边疆一贯的"羁縻政策"，也不可避免地夹带了一些私货。

据周雪玉在《施琅攻台的功与过》中记述，郑氏集团离开台湾后，其原先控制的土地大量抛荒。施琅以"勋业田"的名义，独占了7500甲（约合11万亩），拨给部属2000甲，这两个数据，分别相当于官府已登记耕地总面积的40%和10%。而据统计，郑克塽交出政权时，台湾在册耕地越3万甲，第二年就锐减到1.8万甲。另外1.2万甲耕地哪去了？难道它们长腿了？

种种迹象表明，这些在官府账本上消失的耕地，都在施琅及其亲属、随员和部属的名下。它们不在官府的账本上登记，主要是为了逃税。

可以说，施琅如此积极地奔走呼号，要求清廷不要放弃台湾，而是设府县、强管辖，就有维护施家在台经济利益的私念；如此热心于限制赴台大陆移民，大概也是为了防止其在台经济利益被别的移民挤占和抢夺。

没错，施琅已经变成了彻头彻尾的"土地爷"。他从福建派亲朋好友入台，帮他找佃户，出租土地收租子，据说岁入稻谷数万石，几辈子都吃不完。

有施琅带头，台湾岛内就掀起了一股土地兼并热潮。据《浙闽总督高其倬奏闻事折》载，雍正四年，浙闽总督高其倬称台湾大量耕地"皆系未垦之土，招人认垦。而领兵之官，自原任提督施琅以下皆有认占，而地方文武亦占做'官庄'，再其下豪强之户，亦皆任意报占……辗转顶授，层层欺隐"。

除了农业领域，施琅对台湾的工商业领域，也是一限了之。"限"的目的，是为了给权力寻租创造空间。英国人、荷兰人想来中国做生意，首先要让施琅点头。当然，点头不是白干，定有厚礼相赠。过多依赖政府因素，使台湾的营商环境陷入了病态。

康熙帝懂得"抓大放小"的经验，对施琅有些迁就，甚至将牟利视为酬劳、战利品。有施琅带头，台湾的吏治变得越来越差，越发不负责任？

这样的英雄，还是真英雄吗？

还可以读读以下两本书：

1.施伟青：《施琅评传》，厦门：厦门大学出版社，1987年。

2.陈孔立主编：《台湾历史纲要》，北京：九州出版社，2006年。

第十二章
被误读的战争

几乎所有的传世文献和史学论著，都将发生在康熙二十九年（1690年）的乌兰布通之战，记载为清廷击败准噶尔汗国的重要胜利。

然而，据《清圣祖实录》记载，当清军班师回京的时候，朝廷勒令作为全军统帅的裕亲王福全不得进城，在朝阳门外听候审查。接着，作为国家最高权力机构的议政王大臣会议经过研究，做出了这样的责任认定：

> 乃福全等调度乖方，既经战胜，不能乘机剿灭。收兵又不鸣笳，贼败不行追杀，反行文禁止苏尔达等进兵，以致穷寇遁逃，殊误军机。且未经请旨，率兵擅回哈吗尔岭内……

《清圣祖实录》还记述，根据上述责任认定，议政王大臣会议做出了最终处理决定：革去裕亲王福全、恭亲王常宁、简亲王雅布的王爵，革去内大臣公舅舅佟国维，内大臣索额图、明珠、阿密达以及散秩大臣查努喀的职务，解除都统公彭春，前锋统领班达尔沙，护军统领杨岱、苗齐纳的任职，不给都统宗室苏努、喇克达、都统阿席坦、诺迈叙功，并将内大臣苏尔达、费扬古，都统希福，副都统塞赫、罗满色罚俸一年。

打了胜仗的清军将领们，在班师回京之后，竟然受到了大面积处分，这有悖常理啊！尤其是福全，不但被扣上了"殊误军机"的帽子，而且连王爵都没保住。要知道，这位福全可是当朝皇上的兄长。毫无疑问，议政王大臣会议做出这样的决定，恐怕也是康熙帝默许的。

大面积惩处将领，大概只有战败了才会这么做。那么，乌兰布通之战到底打赢了没有？这还要从福全的第一份战报说起。

一、第一份战报疑点多

根据《清圣祖实录》记载，康熙二十九年（1690年）八月辛酉，福全的第一份战报送抵北京，对战况做出了这样的描述：

> 七月二十九日，臣等闻厄鲁特屯于乌兰布通，即整列队伍。八月初一日黎明前进，日中见敌，设鹿角枪炮列兵徐进。未时，临敌，发枪炮击之。至山下，见厄鲁特于林内隔河高岸相拒，横卧骆驼，以为障蔽。自未时交战，至掌灯时，左翼由山腰卷入，大败之，斩杀甚多。右翼进击，为河崖淖泥所阻，回至原处而立。本欲尽灭余贼，但昏夜地险，收兵徐退。

单看奏报内容，乌兰布通之战清军打赢了。不过，奏报里的疑点也不少：一方面，处于攻势的清军右翼为天然屏障所阻，无功而返；另一方面，左翼虽然破敌，但也因"昏夜地险，收兵徐退"。

因此，如果要采信这份奏报的内容，那我们只能认为：清军虽然给予噶尔丹军一定伤亡，但战果有限，顶多算是小胜，并非全胜。

对于这份战报反映内容的真实性，现代学者是抱有强烈质疑的。

苏联学者兹拉特金在《准噶尔汗国史》中表达了这样的观点："清军虽拥有大量优势兵力和强大的炮兵，仍不能彻底击溃既没有炮兵，而且数量上比敌人少两、三倍的卫拉特军队。在力量对比极其不利的条件下，卫拉特军队在这次战斗中表现出刚毅顽强的精神和具有组织反抗的能力。"

日本学者宫胁淳子在《最后的游牧帝国：准噶尔部的兴亡》中如此表述："对于乌兰布通之战，通常都说（准噶尔部首领）噶尔丹战败了，但是由于清军的副将军（佟国纲）战死，不能认为清军获得了巨大胜利。"

福全的战报里，并没有提到佟国纲阵亡的消息，也没有叙述准噶尔军军队的具体伤亡情况。这样说来，就有避重就轻、隐瞒损失、夸大战果的嫌疑。因此，中国学者张羽新早在1986年就写了《乌兰布通之战的胜败问题》，对乌兰布通战役的结果提出了异议。他认为，战争双方互有胜负，清军损失甚至要大于噶尔丹的军队，指挥上也犯了错误，因此算不得胜仗。

现代学者的所有评论，都只能算是马后炮。毕竟，今人能看到的文献资料更多更全面，而对于当事者康熙帝来说，他得到前线情报的最初来源，就只有这份战报。既然是捷报，皇上自然高兴，"焚香谢天，不胜欣悦"，颁旨嘉奖，希望福全"穷其根株，平其余党，熟筹始末，一举永清，勿留遗孽"。

康熙帝"宜将胜勇追穷寇"的这个想法，其实没什么错。当时准噶尔军队已经孤军深入，即便清军初战不利，但仗着人数众多、火器先进，应该是聚歼噶尔丹的好时机。

可是，当收到福全的第二份战报后，康熙帝有些蒙了。这又是怎么回事？

二、第二份战报露马脚

福全在第二份战报里说了三层意思：

第一层，拒绝噶尔丹直接求和。清军初战告捷，但"噶尔丹据险坚守"，并派使臣到清军营前索取投靠清廷的喀尔喀蒙古土谢图汗和哲布尊丹巴，被福全严词拒绝。

第二层，达赖喇嘛从中调停。八月初四，达赖喇嘛的代表济隆呼图克图率领七十余名弟子来到清营，声称噶尔丹承认"深入汛界，部下无知，抢掠人畜，皆大非理"。只要将哲布尊丹巴交付其师达赖喇嘛，噶尔丹即可退兵。

第三层，福全决定暂停追击。尽管福全认为"噶尔丹乃狡诈之人，虽不可全信"，但他对中间人济隆做出的"噶尔丹不敢妄行"的保证抱有幻想，同时估计噶尔丹此刻"必多窘迫"，暂时停战有利于赢得时间，待清军各路援军抵达后，再聚歼噶尔丹。

于是，福全改了策略，从全面进攻变成了羁縻政策。具体的表现，就是"檄各路领军诸王大臣暂止勿击"。

这份战报的发出时间不早于八月初四日。北京距离乌兰布通约七百里，按照驿站传递军报的速度，康熙帝最早也要到发出战报的第二天才能看到。等他根据这份战报做出决策，再把谕旨送回福全手中时，又要耽搁一两天。战场形势瞬息万变，这一来一回差不多3天光景，就给噶尔丹创造了喘息之机，从容撤离战场。福全聚而歼之的计划就此落空。

倘若这份战报大体可信，那就意味着清军在乌兰布通之战中打败了噶尔丹军队。倘若这份战报夸大战果，那就意味着清军的损失，其实是要大于噶尔丹的。不过，需要看到的是，噶尔丹在战役结束后，并没有继续向北京进发，而是退兵了。因此，不管清军是否打赢，至少还是完成了阻止噶尔丹继续向长城以南进军的图谋，算是战略上获得了有利态势。

问题来了：既然战略上有利，为什么康熙皇帝还要重惩福全等前线将官？

三、不一样的传教士记述

要想揭开乌兰布通之战的真相，我们就不得不提到一个叫李明的传教士。注意，这只是他的中国名字，他本身是法国人。

康熙二十六年（1687年），李明来到中国，五年后回国。这些传教士，既是宗教信仰的传播者，也是西方科学技术的引入者，更是中国各类情报的搜集者。他们来华的一项重要任务，就是了解中国的风土人情，及时向国内主教传递信息。于是，给国内主教写信就成了他们的必修课，书信的内容多为在华生活经历和各种见闻。

这些书信有多大的情报价值，我们不得而知。不过，时至今日，它们倒成了了解那个时代中国社会的一面镜子，至少没有被清朝皇帝篡改过，相对客观。

李明的十多封书信汇辑为一本书《中国近事报道（1687—1692）》，1696年在法国出版。这本书曾多次再版，并被翻译成多种语言。不过，好景不长。四年后，法国索邦神学院查封这本书，使之尘封了近三个世纪。直到1990年，才有学者把它找出来再版。对于当代历史学者而言，这本书算是比较新的第一手文献资料，是当时人记录当时事。

翻开这本书，我们找到一段对清军作战的记述，很有意思：

几年前，皇上发动的与鞑靼王的战事更好地说明了我所说的绝对皇权。势单力薄的鞑靼王竟然胆敢掠夺帝国的几个土邦，皇帝便派遣自己的一个兄弟统率雄师进行征讨。鞑靼军瞄准战机，及时出击，以少胜多地打败了王者之师，官兵全面败北，溃不成军。

国丈原系鞑靼人，深谙领兵作战之术，他的言辞和表率激励了一群勇猛善战的部下，他指挥的炮营圆满地完成了任务，但国丈和部下都战死疆场。人们指控率兵作战的将军首先从前线撤退，进而导致了全军的败局。好大喜功、假充好汉的皇帝关心的不是战争的失利，而是兄弟的丢人现眼。

李明于1687—1692年在中国传教。这五年间，清军在蒙古草原上发动的最有影响的战役，就是乌兰布通之战。由此可以断定，这段话描述的战役，就是乌兰布通之战。其中提到的"鞑靼王"是噶尔丹，"帝国的几个土邦"是遭噶尔丹侵袭的喀尔喀蒙古诸部，指挥炮营的"国丈"是康熙帝佟皇后的弟弟佟国纲，而"丢人现眼"的"兄弟"当是福全。

李明的叙述，认为乌兰布通之战对于清军是一场十足的大败仗，唯一的亮点就是佟国纲的炮营。可以说，李明的记述，完全推翻了以前所有文献史料和论著的成论。

那么李明的叙述，在多大程度上是可信的？

我们回到作为官修正史的《清圣祖实录》。其中记载，参加乌兰布通之战的清军将领几乎都遭处罚，唯独"火器营官兵及左翼交战将士为头等军功"，受到表彰。这跟李明的记述是吻合的。

因此，《中国近事报道（1687—1692）》对乌兰布通之战的记述，虽然与众不同，但给人耳目一新的感觉。至少有部分内容是可信的。

无论是搞研究，还是断案子，大家都清楚一个道理：孤证不立。只靠法国人李明的这点记述，恐怕还不能改变人们对这段历史的固有认知。

不妨再看一看朝鲜的资料。

当时，朝鲜是中国的藩属国，要定期派使臣到中国来朝见皇帝和进贡特产，表示臣服。这些朝鲜特使里，有一类叫谢恩使，是清廷回赠礼品后，承担来华谢恩任务的使臣。他们大老远跑一趟，可不光是为了磕头谢恩。来到北京，他们结交达官贵人，目的是办事时能行个方便；他们到处打听宫里的事，从中发现有价值的情报，源源不断地传递回国。《李朝实录》作为朝鲜的官修史书，就把这些情报记录了下来。

跟洋人的记述一样，《李朝实录》并非中国史料，清朝皇帝当然也就够不着，没法销毁。而朝鲜国王跟中国内政没太多瓜葛，也犯不着在本国的正史里替清朝君臣遮遮掩掩。因此，《李朝实录》里的记载相对客观。

据《李朝实录》记载，这一年十月，朝鲜谢恩使全城君潗、权愈从中国返回朝鲜，向朝鲜国王介绍了当时的蒙古形势。权愈说："清兵数败，而蒙古四十八旗坐视不救，辽沈甲卒归还之日，路经蒙古地方，蒙古乘夜劫掠其战马。以此观之，蒙古之叛可知也。"

权愈的这段话，意思是说，清军在该年十月以前，于蒙古地区的军事行动进展不利，败绩连连。而乌兰布通战役发生在该年八月，如果战役获胜，权愈一定会向朝鲜国王提及。可事实上，乌兰布通战役并没有被提到。这只能说明乌兰布通之战与该年五月的乌尔会河之战、七月的乌珠穆沁之战一样，都是清军失利。①

有《李朝实录》作为旁证，《中国近事报道（1687—1692）》的记述看来越发靠谱了。

福全指挥失误，清军前线失利，福全谎报军情，康熙闻讯震怒，大批官员受到惩处。这样的逻辑似乎就顺理成章了。

然而，还有个问题一直没解释清楚：李明只是个传教士，他怎么会对战局情况了如指掌？难道他参加了战争的全过程吗？康熙帝可能会让一个洋人参加战争全过程吗？

---

① 关于乌尔会河战役和乌珠穆沁战役，参见〔清〕魏源撰《圣武记》卷三，北京：中华书局，1984年，第116页。

四、到底打赢了没有

乌兰布通之战的背景，是准噶尔汗国首领噶尔丹率军袭击喀尔喀蒙古，而后挥师南下，跟清廷争夺对长城以北的控制权。噶尔丹有个理想，就是恢复成吉思汗的帝国伟业。可他不是成吉思汗，康熙帝也不是金哀宗或者宋理宗。他碰上了硬茬。

当噶尔丹大军逼近古北口时，康熙帝决定御驾亲征。乌兰布通之战，作为双方的首次决定命运的大决战，本该由康熙帝亲自指挥，可他在进军途中"偶不豫，自博洛河屯回銮"。如果李明与康熙帝关系亲密，必然随驾撤离前线；如果与康熙帝关系一般，则不可能身临前线。因此，《中国近事报道（1687—1692）》里关于清军在乌兰布通战败的消息，应该是李明的道听途说。

同样"道听途说"的法国传教士张诚，却在《张诚日记》中记述："京师公告，由皇长兄率领的王师征讨厄鲁特已获胜利。"在记述福全受到惩处的时候，他仍旧强调"皇上所遣大军征战得利"。按张诚的说法，清廷有可能为稳定人心，向社会公布假消息，讳败为胜。

再说说福全。如果他有意谎报军情，讳败为胜，那么清廷在处置他的时候，应该提到这条罪名。可据《清圣祖实录》记载，议政王大臣会议上，多罗郡王鄂扎参劾福全时，尚且承认福全"既经战胜"。康熙帝也在谕旨里认可福全的战功："噶尔丹于乌兰布通为我军击败遁走。"康熙帝最终减轻对福全等人惩处的理由，也是"此举已击败厄鲁特兵，噶尔丹远遁"。四年后，康熙帝提起此役，仍不无遗憾地说："此乌兰布通之役，贼几可灭，我师坐失机会。"清廷为福全罗织的罪名里，并无谎报军情一项。

《清圣祖实录》是官修史书，记述了康熙帝一生的政治活动和主要言论。这部雍正年间由张廷玉等大臣主持纂修的文献资料，虽然在储位之争、皇位传承等涉及雍正帝切身利益之处叙述简略、模糊，但完全没有必要对乌兰布通之战进行曲笔或隐讳。毕竟，这无伤康熙帝的脸面，也跟雍正帝的政治利益毫无瓜葛。

胜败乃兵家常事。康熙年间的清军虽然打了很多胜仗，但也并非战无不胜。三藩之乱爆发之初，清军就多次战败，可最终还是获得全胜，平定了三藩。与噶尔丹的作战，清军也并非保持不败，乌兰布通之战爆发前，清军在乌尔会河之战、乌珠穆沁之战中就吃了败仗。这些失利都得到了如实记述。这说明康熙和雍正两位皇帝，对康熙年间军事上吃败仗这事，是没什么忌讳的。

更何况，康熙三十五年（1696年）康熙帝亲征漠北，将噶尔丹彻底击溃。不管前面打了多少败仗，最终的决战是胜利的，这就足够了。即便如实记载，也无伤清廷的体面和尊严。

再说说噶尔丹。从当时的战场形势来看，由于他席卷喀尔喀，并在乌尔会河之战、乌珠穆沁之战中得手，气势正盛，如果在乌兰布通之战中获胜，他当然会继续其军事冒险，向内地进军，而不至于像福全的第二份战报所说，乘胜求和，溜之大吉。

我们要清醒地看到，噶尔丹虽然在前方气势如虹，可他的战略后方，也就是准噶尔领地，已被策旺阿拉布坦占领。前面打得再好，也变成了无后方作战。而他席卷而过的漠北蒙古草原，经过战争破坏，已是一片废墟，很难为噶尔丹军队提供充足的后勤支援。

既然没了后方，也就不必再顾忌战线太长、兵力分散的问题，只有继续向前冲，扩大占领区，到漠南地区甚至长城以南去作战和抢掠，才能求得生机。因此，如果不是受到挫折，噶尔丹是不会轻易撤军的。

据清朝学者刘献廷《广阳杂记》记载，噶尔丹兵临距北京七百里的乌兰布通时，清廷极为恐慌，"京师戒严，每牛录下枪手派至八名，几于倾国矣。城内外典廨尽闭，米价至三两余"。

把上面的所有信息综合起来看，乌兰布通之战的结局，应该是遏制了噶尔丹的南下势头，缓解了清廷的恐慌，为多伦会盟的成功举行，以及六年后康熙帝三征漠北打下了良好基础。从战略上看，清廷无疑是成功的。《李朝实录》和《中国近事报道（1687—1692）》关注的是战役本身，而非战略全局。乌兰布通之战，清军的损失要多于噶尔丹，且错失合围聚歼噶尔丹的良机，使其从容撤出前线，清军在战术上确实吃了亏，但并非彻底失利。

五、主帅为什么会被免职

如果说在乌兰布通之战中，清军取得了战略上的胜利，那么，为什么当清军班师回京之时，康熙帝不仅拒绝主帅福全入城，而且默许议政王大臣会议的决定，对福全等大部分参战将领进行惩处？

我们还是回到《清圣祖实录》里，看看在此之前，康熙帝都看到了些什么，又做了些什么。

收到福全的第一份战报后，康熙帝兴奋不已，"焚香谢天，不胜欣悦"。接着，他认为噶尔丹系孤军深入，清军无论在人数、装备等各方面都优于噶尔丹，应"穷其根株，平其余党，熟筹始末，一举永清，勿留遗孽"。康熙帝对福全这份战报的回复，大概就是这个意思。掐算时间，这份回复至迟应在八月初四日送达福全手中。因为这一天，福全寄出了第二份战报，汇报了他此刻所做的工作：不是追击，而是议和。

没错，福全正在听取济隆呼图克图的调停，准备接受议和，暂时停战。不管他的初衷如何，这样做显然违背了康熙帝"穷其根株"的主张。据《清圣祖实录》载，康熙帝对第二份战报的回复，口气非常严厉：

> ……大将军王与皇子失误机宜，众大臣不正言抗阻，军律甚明，归时断不姑宥。此役所关甚巨，今科尔沁、乌喇、盛京之兵，初四五间可至达尔脑儿矣，若又失机会，不进逼之，王与大臣等此行何所事耶？

字里行间，透着康熙帝的愤怒与失望。

李明对战争的记述，虽然多是道听途说，但有些内容讲得很有针对性。他在《中国近事报道》中介绍福全从拟受重惩到获得宽恕的过程，就是要向法国的红衣主教讲清楚，中国的"绝对皇权"究竟是什么样的。用李明自己的话说，就是"皇帝可以置一人之下、万人之上的亲王于死地，庶民百姓就更不足道了"。

连一个外国传教士都意识到，皇权至高无上，不可侵犯，而福全胆敢违抗圣旨，擅自更改作战方略。虽说"将在外，君命有所不受"，但福全这么擅做主张，等于在跟渗透到军队指挥系统里的皇权公然对抗。康熙帝对此当然不能容忍。

别忘了，福全是康熙帝的兄长，是朝廷的裕亲王，统率重兵。这么一位离皇位如此之近的贵族兼将军，对皇帝的谕旨置若罔闻，怎么能让康熙帝放心？就算福全从来没打算染指皇位，康熙帝的心里也没法踏实。

因此，多罗郡王鄂扎在议政王大臣会议上奏称：在配备了强大的精兵和火器的情况下，福全不仅不能乘机剿灭，反行文禁止苏尔达等进兵，以致穷寇遁逃，而且未经请旨擅自率兵回哈吗尔岭内。而康熙帝在上谕中，详述了福全擅自停战议和的全过程，并发出了"伊等不战，乃大误也"的慨叹。

康熙二十九年（1690年）以后，福全的声音在朝廷里消失，不再承担重任，也不再参与政务，直至去世。只是在六年后康熙帝亲征噶尔丹时，他随驾出征，但已经失去了全军统帅的位置。康熙帝就用这样的方式结束了福全的军权生涯，也清除了在他身边的潜在威胁。

所谓战争是流血的政治，这用在乌兰布通之战，或许再合适不过了。它至少给了我们三点启示：第一，尽信书不如无书，有些成论并非无懈可击。第二，战争的奥妙不仅在于兵力和装备对比，不仅在于排兵布阵，也不仅在于人心所向的必然因素，以及难以预测的偶然因素，更在于背后的政治玄机，或许只有站在当事人的立场，才能感同身受。第三，孤证不立，多对比，多研讨，才能得出更靠谱、更扎实的结论，经得起时代和历史的考验。

这几本书值得读一读：

1.［法］张诚：《张诚日记：1689年6月13日—1690年5月7日》，陈霞飞译，陈泽宪校，北京：商务印书馆，1973年。

2.吴晗辑：《朝鲜李朝实录中的中国史料》，北京：中华书局，1980年。

3.《清圣祖实录》，北京：中华书局，影印本，1985年。

4.［法］李明：《中国近事报道（1687—1692）》，郭强等译，郑州：大象出版社，2004年。

写在最后

2015年，我有幸登上中央电视台百家讲坛栏目，主讲《清案探秘》系列节目，成为这个栏目的第一位80后主讲人。其后，各方面的邀约多了起来，我也从一个单纯的职场人，变成了业余时间跟上班一样忙碌的有"档期"的人。

在南京做系列讲座的筹备期里，凤凰国际书城营销总监、南京外国语学校原副校长陈景和老师出了个主意，为我在各地的讲座起了个系列名称，就叫"跟唐博士学历史"。如今，跟唐博士学过历史的现场观众，恐怕已有十几万人。在电视、互联网、广播里跟学的朋友，可能就更多了。不过，每位观众耳闻目睹的，都只是片段，究竟要学什么，究竟能学到什么，有没有成体系、成套路的东西，能否形成能让更多人耳目一新的历史普及类辅导读物？这个问题，朋友在提，我也在思考。

经过一段时间的酝酿和写作，这套《跟着唐博学历史》终于问世。

对我来说，写作本身既是考验，也是学习。

从本科到博士，我一直就读于中国人民大学。这座驰名中外的高校，在历史学科建设上，当初并非齐头并进，百花齐放，而是清史研究独占鳌头。硕士和博士阶段，我有幸跟随戴逸教授、郭成康教授两位老先生，打下了比较扎实的清代通史的底子，但对于明清以前的历史，以及欧洲史、美洲史、亚洲史，只懂个皮毛，起码只在本科阶段练过，研究生以后基本就疏远了。

因此，这是个挑战，逼着我把多年的积累全部掏出来，分享给广大的读者。这是个机遇，逼着我把不熟悉的世界历史又进行了补强，在写中学，在学中写，在互动中提升。毕竟，学历史既需要中国特色的历史观，更需要世界眼光和全球视角。我在参与国家清史纂修工程的翻译项目时，这样的思路便被不断提及。相信，这套书不仅能提升我，更能给每位读者带来提升，这不仅是知识面上的，更是思维方法和建构历史框架上的全方位提升。

写作是一项艰苦的工作。我不做口述，让速记公司搞录音整理虽然快，但知识信息不够扎实。我不做片段，然后捏合在一起，这样虽然易，但支离破碎，难以形成整体。我宁愿用传统的写作工具，书桌上堆满各类文献资料，亲力亲为在笔记本电脑上敲击，这样更踏实、更负责、更有心得。让所有人都相信，《跟着唐博学历史》不是出版领域的短平快，而是写作风格上的稳准狠。

在《跟着唐博学历史》的写作过程中，需要感谢陈景和、葛继彬、吴霞、谢小平、申爱林、汤年华、杨羽、闫凤娟、崔波、焦健、朱建文、陈烨等一批江苏的好朋友，感谢大家的关注、关心和关爱。特别要感谢广西师范大学出版社的刘春荣老师、覃亚仄老师、黄芳老师，没有他们的耐心和支持，便没有这套小书的顺利问世。

最后，要把这套书献给慈母、爱妻、女儿，以及远在天堂的父亲，他们的默默支持，是我每每想放弃，却又咬牙坚持写下去的不竭动力。

期待这套小书所分享的历史体验，能给每位喜欢历史的读者都带去快乐和收获。

唐博

2020年8月于北京西城区珠市口